面影《おもかげ》画《が》

絵と文　黒沢和義

私はここにいます

東日本大震災による大津波で亡くなられたすべての方のご冥福をお祈りいたします。

出版にあたり

本書は平成二十三年六月五日から九月二十日にかけて、岩手県陸前高田市避難所「高寿園」において描いた「面影画」及び「面影の記憶」という文章を収録してあります。

絵を描かせて頂いたすべての方に掲載の確認をし、許可を頂いたものだけを収録致しました。

原画は描いたその日にお渡ししてあるため、記録した写真のみで再現してあります。その関係で原画とは違い、色むらなどがありますがご容赦下さい。

文章は、面影画を描く際に取材した内容を記録したものです。これも、取材当日の記録であり、その後変化した状況を再録したものではありません。文責は作者にあり、絵を描かせて頂いた方にはありません。何かご指摘などがありましたら作者までご連絡下さい。

後半には、四ヶ月間にわたるテント生活でのボランティア活動について書きました。たったひとりでも、このようなボランティア活動が出来ることを是非知って頂きたく思います。

はじめに

面影画《おもかげが》

六月一日から会社を長期休暇して、岩手に災害復旧ボランティアに行くことにした。

何をするかというと、絵のボランティア。期間は三ヶ月くらいを予定している。

陸前高田市の避難所で、亡くなられた方や行方不明の方の面影を絵にしようというもの。「面影画《おもかげが》」という名前をつけたのだが、人物画でもなく似顔絵でもないこの絵は「面影画」としか呼びようがない。

写真があればそれを元にして、写真がなくても約三千人分の顔写真をサンプルにしてモンタージュ方式で笑顔を再現して水彩画に定着させる。

誰もやったことがない作業だし、出来るかどうかもわからないが、今までの総力を注ぎ込めば出来るのではないかと思う。

津波で何もかも流されてしまい、残っているのが記憶だけというのは、いくらなんでも悲しすぎる。せめてお盆やお彼岸までに、ひとりでも多くの笑顔を描いて届けたい。

四月の初めから、そんな想いで準備を始めた。場所は、気仙川で釣りをして、高田の松原で遊んだ記憶をたどり、陸前高田に決めた。

テントや生活用具一式を持参しなければならないので、準備が大変だった。一番大変だったのは現地の情報がわからないこと。

電話では詳しいことがわからず、最終的には五月二十一日に現地に行って、直接、社会福祉協議会や避難所を訪ねた。幸い、最初に訪れた避難所で話が決まり、そこにお世話になることにした。事務主任がとりまとめしてくれ、まだ何も始まっていないのに、すでに予約が入っているとのこと。気持ちが通じるのは本当にうれしい。

今日はコンパネや垂木を買って車に積み込んだ。看板はダンプラで作った。

六月三日の夜に東京を発って陸前高田に向かう。四日は一日設営作業をして、五日からいよいよ「面影画」を描く。

これから三ヶ月続く活動の始まりだ。

平成二十三年　六月二日　黒沢和義

面影画

私はここにいます

目次

たったひとり、面影画ボランティアのすべて

面影画

私はここにいます

六月

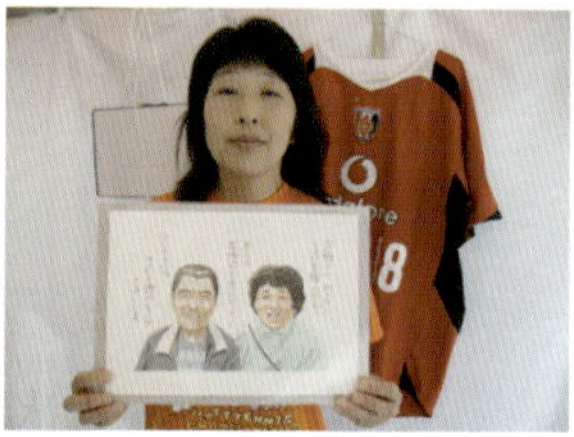

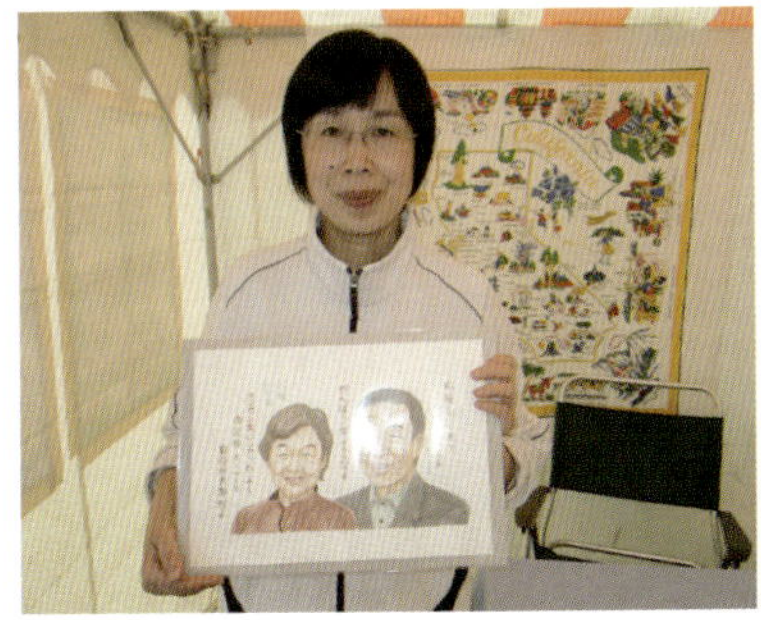

六月五日、面影画の第一号は菅原由紀枝さん。

津波で亡くなられたお父さんとお母さんを描かせていただいた。

最初の制作ということで、緊張の作業だった。終わったときは背中と肩がガチガチにこわばってしまった。本当に面影画が続けられるかどうか、自分が試されている思いがした。

絵が出来上がって、渡したときの由紀枝さんの笑顔に救われた思いがした。「そっくりだ」と言ってくれたのがうれしかった。

何だか、これでがんばれそうな気がする。

六月六日の面影画は伊藤ひろみさん。

津波で亡くなられた父の信夫さんを描かせていただいた。リクエストは愛犬のマックスを一緒に描くこと。読売新聞の記者さんが取材したいということで、最初から最後まで一緒だったので、すごく緊張した。

知らない人が見ている中で絵を描くのは初めてだったが、手が震えて困った。

出来上がった絵にひろみさんも納得してくれ、うれしかった。絵を渡すときの緊張感がまだ慣れていないのでドキドキしている。その日のうちに仕上げて渡すのはけっこう厳しい。でも、絵を渡したときの達成感はすばらしい。

おじいちゃん
時々夢に出るからね
憲章が
生まれた
時はほんとに
嬉しかった。
秀が「百円けんねえばぶっちめっちょ！」
なんて良く言ってた。かわいかった。
しゅっこへ
苦労のかいが
あったね
おばあちゃん
いつも応援
してるから。
しゅっこ、
がんばるんだよ
世界で一番の
おばあちゃん
より

六月七日の面影画は鈴木勝井さん。

津波で亡くなられた奥様の信子さんを描かせていただいた。

勝井さんは、息子の憲章《のりあき》さんとふたりで見えられた。信子さんのことを聞かせていただいたのだが、今日の取材はきつかった。途中で、涙が出てしまいどうしようもなくなってしまった。しっかり話を聞かなければいけないのに、こんなことではいけない。

暑い中で集中して絵を描かせていただいた。出来上がった絵は自分でも満足できる絵で、勝井さんも喜んでくれたので嬉しかった。

おかあさんと一緒だよ、
お父さん、何もできなくて
ごめんなさい、
今まで
本当に
ありがとう
みっちと
一緒だから心配しないで、

六月九日の面影画は佐々木松男さん。

亡くなられた奥様と息子さんを描かせていただいた。

晴れていたけど、今日は気温が上がらず助かった。岩手放送の取材クルーが朝から取材していたが、冒頭の取材部分と絵を描いている間は取材を遠慮してもらった。

絵は順調に出来上がり、文章も確認してもらう。

最後に松男さんから握手を求められ、深々と頭を下げられた。私も両手で握手させて頂き、お礼を言わせてもらった。言葉は少なかったけど、気持ちが伝わって、お互いに涙が流れた。

今日は、やって良かったと心から思えた。

おかあさん
忙しいばかりでごめんよ、
わっかと
るいを
頼んだよ、
わっか、
受験がんばれよ、
好きな事をやれ、
るい 野球を
がんばるんだぞ
約束だ、

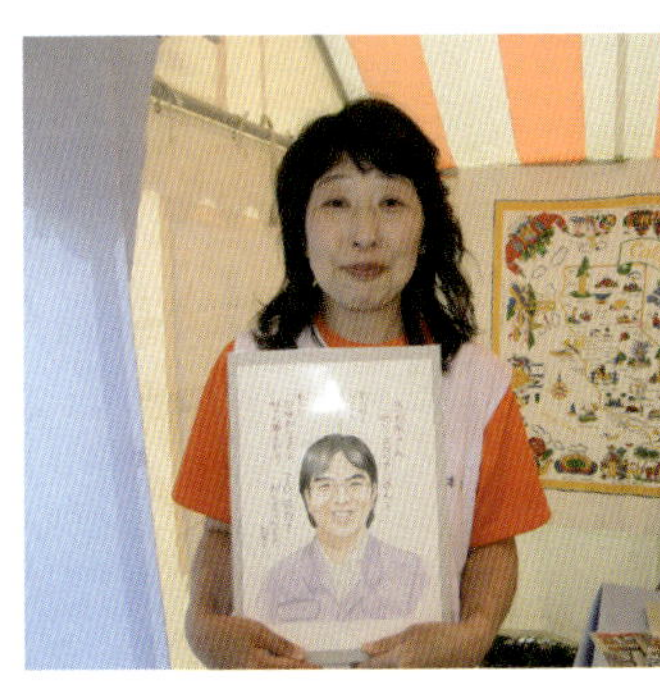

六月十日の面影画は、佐々木勤子《いそこ》さん。

トムクルーズ似のご主人を描かせていただいた。熱中症寸前の状態で、今日はテント内での作業は断念し、外の木陰で絵を描いた。

もっと早く、こうすれば良かった。水滴が落ちて来たり、虫が飛んでくる以外は快適な環境で絵が描けて良かった。

勤子さんにとても喜んでもらえたので良かった。「大事にします、娘や息子にも見せてやります」と言ってもらえた。作者冥利につきる言葉をいただいた。

美名、そらとるかを
頼んだぞ。
美名
あなたを産んで
本当に良かった。
いろいろ
ありがとう
ばあばは
そらとるかの お守りが
できなくて 残念だよ。

六月十一日の面影画は、佐藤美名さん。

津波で亡くなられたご両親を描かせて頂いた。

気仙大工で職人気質のお父さん。いつも誰かのために動いているお母さん。淡々と話す美名さんだったが、両親への思いは尽きない。

絵は上手く描けたのだが「美名」さんの名前を「美和」と描いてしまい。指摘されてあわてて描き直した。

取材の段階で確認しなければならないことを、思いこみでやってしまうからこういう事になると反省。

三度のご飯を食べて健康な一日が
送れたら、これほど幸せな事はないよ、
幸子、
今まで
本当に
ありがとう、
ゆきちゃん、柚子を頼んだよ、

六月十三日の面影画は内舘幸子さん。

津波で亡くなられたご主人を描かせていただいた。いろいろ話を聞かせていただいた。勤務場所が図らずも避難所となり、目が回るような日々だったという。家ごと、何もかも流されてしまい、ご主人もいない。

避難所に来ている人はもっと大変なんだから、自分は頑張らなくちゃ、と自分に言い聞かせてきた。じっくり話を聞かせていただいた。

少しでも話して、吐き出す事で心が楽になるのであれば、いくらでも聞きたい。

ご主人の絵はそっくりだと言ってくれた。涙を流して喜んでくれた。

お母さん、わっかと
るいを頼んだね、
わっかの
花嫁姿を見たかったよ、
じいちゃんは
るいと遊べなくて
さみしいよ、

六月十四日の面影画は佐々木勤子《いそこ》さん。

前回、ご主人を描かせていただいた方。今回は、同居していた義理のお父さんとお母さんを描かせていただいた。

一回の津波で家族三人の命が奪われてしまった。その痛みは計り知れないほど大きい。勤子さんは今日で職場を退職し、盛岡に行く。子供二人と実家に戻り、新しい生活をスタートさせる。

失ったものは本当に大きいけれど、子供たちの為に前を向かなければならない。

面影画が、新しいスタートに少しでも背中を押すことができるのなら嬉しい。

ノブ、ママのこと
頼んだよ、
ずっと見てるから、
何とかなる、大丈夫だよ、
トムだよ
アルだワン、

六月十六日の面影画は佐々木伸枝さん。

津波で家を流されてしまい、七回忌のお父さんの為に面影画を描いて欲しいと足を運んでくれた。いろいろな話を聞かせてもらった。

絵のリクエストは、愛犬のアルと認知症で伸枝さんが介護している母のトモさんを、天国のお父さんと飼い猫だったトムが見下ろしているように描いて欲しい、というもの。

お父さんの写真は携帯で撮ったボンヤリしたもので、トムに至っては写真もない状態。

それを絵にするのだから神経を使った。なんとか仕上げた絵は「よく似てる、トムもそっくり！」と喜んでもらえた。やれやれと胸をなで下ろした。

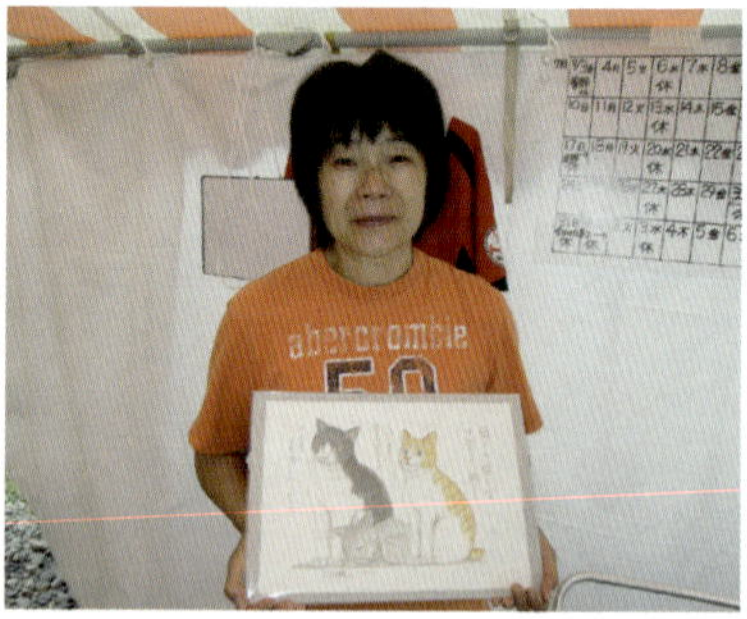

六月十八日の面影画は小鎚知子さん。

ペットの猫三匹を描かせていただいた。

今回の地震と津波で多くのペットが流された。面影画の中にも、すでに三名の方からペットと一緒にというリクエストを頂いている。

もちろん、ペットは家族なので面影画の対象になる。

自分自身、猫と十八年間暮らした経験があるので、いかにペットが大切なものかわかっているつもりだ。小鎚さんの思いを絵に込めるつもりで描かせてもらった。

弥代子、何事も正直にね
何でもやりなさい、
いろんな人と
話すのが
楽しかったね、
俳句も面白かった、
東海文芸に載ったね、
「セーターを少し派手目の八十路かな
泰子」

六月十九日の面影画は古澤弥代子さん。

津波で亡くなられたお母さんを描かせていただいた。

何でも率先してやる、誰からも慕われた母、泰子さん。いつも下向きの写真しかなかった。リクエストは、上を向いて笑顔のお母さん。難しかったけれど、良い絵が描けた。

紹介してくれた菅原さんも「そっくりです！」と喜んでくれた。

ちょうど今日が百日法要だったとのこと。ちょうどいい機会に絵が出来上がった。

この絵がお母さんを思い出す記録になれば嬉しい。

六月二十日の面影画は村上あけみさん。

津波で亡くなられたご両親を描かせていただいた。

あけみさんの実家はこの地方の旧家で、菅原家の本家となっている。本家の長女として生まれたお母さんと、ニコニコ笑いながらお母さんを支えた温厚なお父さん。対照的な二人だが、仲のよい夫婦だった。

六時、仕事を終えてあけみさんが絵を受け取りに来た。

「わあ、若い」第一声だった。よく似てると喜んでくれた。

「あたし、まだ実感がないのよね……でも、こうして見ると本当にそうなんだなあって思いますよね……」

この絵がご両親の記録としてあけみさんの横に置かれれば嬉しい。

六月二十一日の面影画は伊藤沙耶香さん。

津波で亡くなられた、おじさんとおばさんを描かせていただいた。

リクエストはひとり娘のひかるさんに向けて描いて欲しいというもの。

難しい注文だったが、心をこめて描かせていただいた。

夕方、突然の雷雨でバタバタしたが、何とか約束の時間に間に合わせることができた。

絵は気に入ってもらえたようだ。喜んでもらえてよかった。

ひかるさんに、伊藤さんの思いが届けば嬉しい。

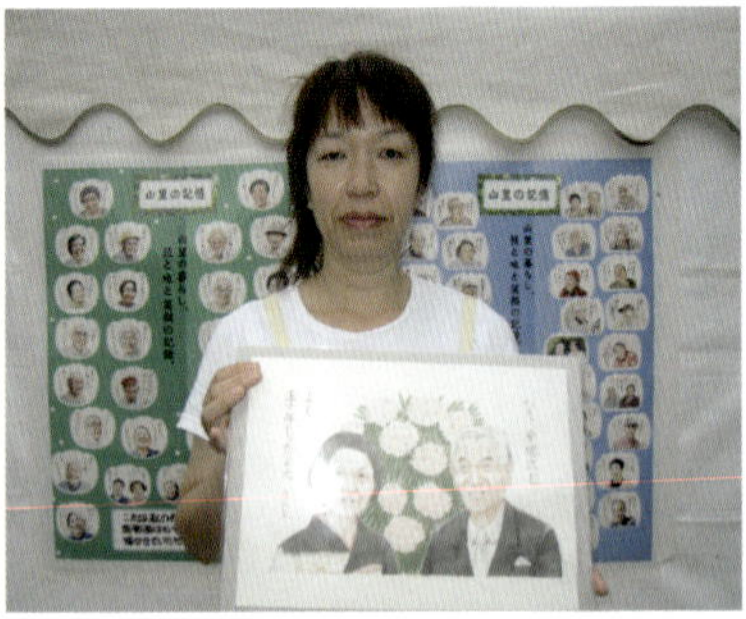

六月二十三日の面影画は伊藤ひろみさん。

一昨年、金婚式を迎えて、満開のシャクナゲの前で記念写真を撮った両親を描いて欲しいというリクエストだった。

両親が正装して撮った唯一の写真だった。

家が流されてしまい、どうしても残したかった写真もなくなった。捜したけれど見つからない。せめて絵にして残したい。ひろみさんのそんな思いを込めた面影画となった。

満開のシャクナゲの花が難しかった。丁寧に描くと時間がまったく足りない。ご両親を丁寧に描いて、花は少しラフになってしまった。これも致し方ないところ。

ご本人は「そっくり！」と満足してくれたが、花の部分にちょっと思いが残る絵になってしまった。

ミヤ子ちゃん、
料理作りが
楽しかったよ。
スミレとクロが
一緒だから
心配しなくていいよ。
今まで
色々ありがとう。

六月二十四日の面影画は千葉ミヤ子さん。

津波で亡くなられた弟さんを描かせていただいた。猫が大好きだった弟さんが猫を抱いている形で描いて欲しいというものだった。持参して頂いた猫の写真は津波で流されたものが発見され、ていねいに泥を洗い落とした貴重なもの。写真にも津波の爪痕が残っている。

絵が出来上がり、お渡しした。「これで朝晩毎日手を合わせることが出来るので嬉しい……」と涙ぐんでいた。本当に、この活動をやっていて良かったと思う。

この絵がミヤ子さんにとって大切な絵になってくれれば嬉しい。

六月二十五日の面影画は成田勝子さん。

津波で亡くなられたお母さんと妹さんを描かせていただいた。リクエストは二人並んで笑っているところをというもの。

お母さんの写真が、集合写真に小さく写ったものだけだったので、ラフスケッチの段階で修正を加えながら直した。

妹さんの写真は、津波の後で発見されたもので、泥が付着したものを丁寧に洗い落としてあった。泥の跡が生々しい写真で、被災の実感が伝わってくる。

絵が出来上がった。勝子さんが受け取った瞬間、涙が溢れ出た。「何にもなかったから……本当にありがとうございます……」あとが言葉にならない。

この絵が少しでも勝子さんの安らぎになれば嬉しい。

ママ、忙しいばっかりで
ごめんね、
旅行に
行きたかったね
子供たちと
ハナの事、
よろしく頼む、
今まで楽しかったよ
本当にありがとう。

六月二十七日の面影画は鶴島道子さん。

津波で亡くなられたご主人を描かせていただいた。

鶴島さんはいま名古屋にいる。六月二十日に陸前高田市で合同慰霊祭があり、そこに参列する為に高田に来て、話を聞いて面影画に申し込みに来られた。

慰霊祭、埋葬の後という事だったので、淡々と話されていたが、最後に「本当にいい人で、これからという人だったのに、何であの人が……」と、言葉に詰まり、後が声にならなかった。

この面影画が道子さんに少しでも力を与えてくれれば嬉しい。

六月二十八日の面影画は熊谷尚子さん。

同僚二人の面影画を描いて欲しいというものだった。打ち合わせは、同じく同僚の佐藤美名さんが来てくれた。

それぞれ二人の子供を持つお母さんで、職場の同僚だった。津波が前途ある二人の命を奪い、職場に暗い影を落とす。二人が写っている写真は、それぞれご遺族の手にお渡しした。せめて、二人の絵を職場の壁にかけ冥福を祈りたい。そんな思いからの申し込みだった。

出来上がった絵の受け取りは、佐藤美名さんが来られた。

七月

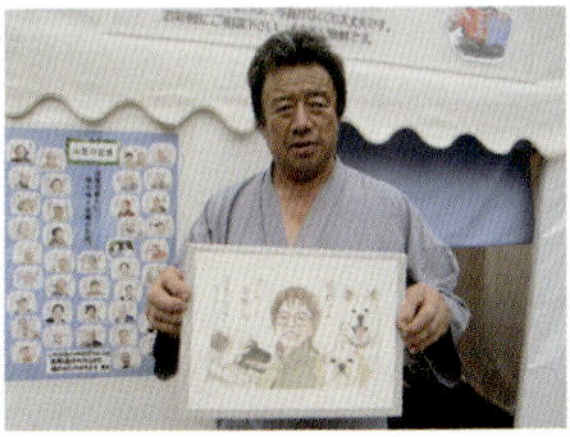

母さんに
またスズメを
捕って見せた
かったね、
サツマイモ
おいしかったよ、
母さん、チャーは
母さんの家の子でよかったよ、

七月二日の面影画は熊谷《くまがい》尚子《ひさこ》さん。

十三年一緒に暮らした猫の「ちゃこ」を描かせていただいた。

津波で家が流されて、何もかも失った尚子さん。そこにはちゃこもいた。行方不明になってしまったちゃこはどこかに逃げて生きているかもしれないと言う。

そんな尚子さんの気持ちは良くわかる。

スズメを捕るのが上手だったちゃこ。どこかの山でスズメを追いかけている姿が目に浮かぶ。そんな精悍なちゃこを描いてやりたいと思った。

この絵が少しでもちゃこの思い出につながれば嬉しい。

エリカ、子供達のこと
よろしく頼む、
よっちゃん
とんちゃん
やっくん
お母さんを
助けてくれ、
外絆…ひとりじゃないよ、

七月三日の面影画は菅野《かんの》エリカさん。

最愛のご主人を津波で亡くした。にっこり笑ったご主人を面影画で描かせていただいた。

エリカさんが持参したのは、結婚式のキャンドルサービスの写真。満面の笑顔で二人が写っている写真だ。この写真のこの笑顔を描いて欲しい……エリカさんの願いが、その一枚の写真に込められている。

ご主人の話は一時間に及んだ。話したい事が山ほどあるのだ。

この面影画は失敗出来ない。慎重に筆を運ぶ。三十九歳で最愛のご主人を亡くし、三人の子供を託されたママのつらさを考えれば、絵に魂を込めることなど何でもないはずだ。

トコちゃん
愛の枕だ。
三人一緒だから
心配しないで。
いろいろ
話を聞いてくれて
ありがとう。
元気でね。

七月五日の面影画は山本敏子さん。

津波で亡くなられた叔父さんと叔母さんを描かせていただいた。お父さんと同じ船乗りだった叔父さん。いつも一緒に遊びに行った叔母さん。一緒に住んでいた息子さんと三人の行方はまだわからない。

内々の葬儀を済ませ、百か日法要も済ませ、二人の思い出を手元に置きたいと、面影画に申し込まれた。船乗りらしい立派な体格の叔父さん。ふっくらと明るい叔母さん。二人が並んで、笑っているところを描かせていただいた。

この絵が敏子さんの傍らに置かれて、少しでもお二人の思い出になれば嬉しい。

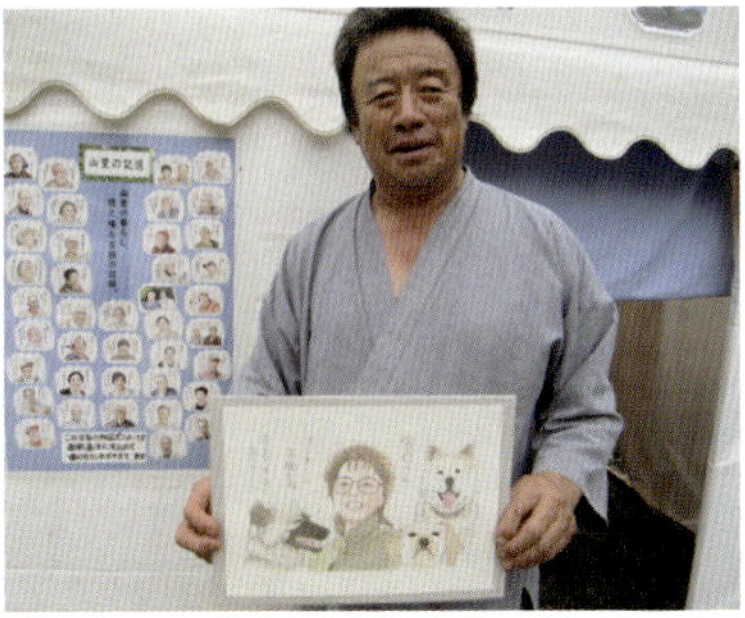

七月七日の面影画は千葉信也さん。

津波で亡くなられた奥様を描かせていただいた。犬好きだった奥様と、今まで飼った大型犬三頭を一緒に描いて欲しいというリクエストだった。時間が短かったので、今日も時間に追われる作業だった。

ここのところ連日、ＮＨＫの取材が張り付きで入っているので、途中途中でインタビューなどが入り、作業が遅れる。今日は、最初の打ち合わせからカメラが入ったので、緊張の連続だった。でも、集中して良い絵が描けたので良かった。

絵を描き上げ、信也さんに渡す。そっくりだと喜んでくれた。お礼にと、冷えたフルーツの盛り合わせをいただいた。

七月八日の面影画は佐々木総恵《ふさえ》さん。

津波で亡くなられたお父さんとお母さんを描かせていただいた。

打ち合わせからＮＨＫのカメラが入り、緊張した。総恵さんと弟さんご夫妻も一緒にいろいろ話を聞いた。いろいろ話を聞きすぎて、絵を描く時間が少なくなってしまい、今日も暑い中、大忙しの作業になってしまった。

絵が出来上がり、渡す時に喜んでもらえるのが、唯一のモチベーションになっている。

今日も喜んでもらい嬉しかった。

みんな、見守ってるがらね、
木の実は
元さ落ちる、
人も同じだ、
煮しめさ
も一度作ってやれば良かだ、

七月九日の面影画は阿部新治さん。

津波で亡くなられたお母さんを描かせていただいた。

阿部家の精神的支柱だったお母さん。立派な方だった。一緒に来られたご主人の萬太郎さんが、奥さんの話をする時に涙ぐむ場面がしばしばあった。それでも、一生懸命話を聞かせてくれた。

こちらも正面から受け止め、きちんと記録しようと思った。

暑かったけれど、良い絵が描けたので満足だ。新治さんも喜んでくれ「大切にします……」と言ってくれた。

作者冥利に尽きる言葉を頂いた。

陽子、体に気をつけてね。無理するんじゃないよ。
陽子、子供達を頼んだぞ。
キアナ、ブルース、ママを助けるんだぞ。

七月十日の面影画は高橋純子さん。

お兄さんとお姉さんを描かせていただいた。

面影画というのには少し事情が違うのだが、被災したお兄さんと、十八年前に亡くなられたお姉さんを一緒に描かせていただいた。純子さんはこの絵でお兄さんを励ましたいと面影画に申し込まれた。

今日も、とにかく暑かった。気温三十五度というからテントの中は四十度を超えていたと思う。

ひたすら木陰で絵を描いたが、外の木陰でも暑い暑い。

四時に絵を渡す頃にはへろへろになっていた。

お父さん
元気出してよ、
啓悟と
健彦のこと
お願いね、
今まで本当に
ありがとう、

七月十一日の面影画は佐々木千恵さん。

津波で亡くなられた義理のお姉さんを描かせていただいた。

奥様を亡くして落胆しているご主人へのプレゼントとしての面影画。

千恵さんの思いを込めて絵を描かせていただいた。

千恵さんの都合で絵の受け渡しはご主人にということで、ラフチェックの際に写真を撮らせていただいた。

七月十五日の面影画は菅野陽子さん。

菅野さんはアメリカに住んでいて、今回の震災に際し、自分がやっていた歌の活動で被災地を元気づけようと子供二人を連れて帰って来た。

面影画を申し込んだのは、おばさんの高橋純子さんだった。

絵の受け取りは、陽子さんとお父さんが見えられた。

「似てるねえ、特徴が良く出てる」と喜んでもらえた。

智弥子、ありがとうな、
楽しかったよ、
松原が
良かった
なあ、

2011/07/18

七月十八日の面影画は藤野直美さん。

津波で亡くなられたお父さんを描かせていただいた。

釣りが大好きだったというお父さん。高田の松原で九十センチのスズキや六十センチのアイナメを釣ったという。

面影画は大好きな釣りをしている姿をリクエスト。ロッドを手にしたお父さんを描かせていただいた。

絵を受け取りに来た直美さんとお母さん。

「わあ、お父さんだ！」と喜んでくれた。

この絵が少しでも直美さんとお母さんを力づけてくれたら嬉しい。

七月十九日の面影画は馬場優《まさる》さん。

家を流されて何もなくなってしまった。優さんの依頼は、家に飾ってあったご先祖の肖像画を描いて欲しいというもの。写真はない。

ある意味、面影画の基本を試されるような注文だった。記憶を頼りに顔のイメージを作り、具体的な絵にしてゆく。ラフスケッチの段階で細かい修正を加え、記憶の肖像と近いものに仕上げる。やりがいのある依頼だ。

絵はモノクロ仕上げでという注文。これが大変だった。何とか時間内で仕上げ、絵を渡す事ができた。

あきちゃん
俺たち
二人一緒だから、
ねえさん
京都に
行けなくて
ゴメンね、
写楽

七月二十一日の面影画は村上昭子《あきこ》さん。

津波で亡くなられた妹さんご夫婦を描かせていただいた。

「写楽」という和食料理店を営業していた妹さんご夫婦。持参していただいた写真は、津波の泥にまみれたものを丁寧に洗われたもの。

この写真を見ているだけで、被災の現実が伝わってくる。

絵のリクエストはご主人に写楽という文字をかけて、妹さんは花をバックに微笑んでいる二人というもの。頑張って描かせていただいた。

母さん、今までありがとう、
父さん、
親孝行も出来ないで
ゴメン、
THEM

七月二十二日の面影画は三嶋早苗さん。

津波で亡くなられた息子さんを描かせていただいた。息子さんはまだ三十歳。これからという人を亡くした悲しみとつらさは思うに余りある。

ご主人と来てくれた早苗さん。持参していただいた写真は中学校の卒業アルバムと、小学校時代のスナップが何枚か。これで、三十歳の顔を作り上げる。

ラフスケッチから修正を加え「わあ、勝洋になってきた！」という早苗さんの声が嬉しかった。絵を受け取りながら早苗さんの涙が止まらない。こちらももらい泣きしてしまう。言葉がなくても言いたい事はよくわかる。

面影画を描いて、この人の絵を描いて、本当に良かったと思う。

ひよ、さや、お父さんの
言うことを聞くんだよ。
パパ
妃依と沙彩をお願いね。

七月二十三日の面影画は鈴木ふみ子さん。

津波で亡くなられたお嫁さんを描かせていただいた。

結婚十年、まだ二十八歳という若さで帰らぬ人となってしまったお嫁さん。誰からも可愛がられて、仕事も熱心だった。

九歳と六歳の娘を残して……今年小学校に上がる次女の入学式を楽しみにしていたのに、それを見る事は出来なかった。

地元の神社のお祭りで、家族四人揃った最後の写真を元に面影画を描かせていただいた。

本当に若い人の面影画を描くのはつらい。

残された二人の娘が、なんとかこのつらい思いに耐えて欲しいと願う。また、二人娘を託されたふみ子さんを心から応援したいと思う。

七月二十四日の面影画は米沢祐一さん。

津波で亡くなられたご両親と弟さんを描かせていただいた。最愛の家族三人を失うつらさは、経験した人でなければわからない。私はただただ話を聞くだけだった。

祐一さんは話しながらも涙が止まらない。聞いている私も涙が止まらない。

話す事すらつらい事だと思うが、それでもしっかり話してくれた。私もしっかり、正面から受け止めた。

面影画のリクエストは三人で笑っているところ。

三人一度に描くのは初めてだが、一生懸命描かせていただいた。

あっこ、元気でな。
菜緒の花嫁姿を
見たかったけど・・・・
みんな
仲良くね。

七月二十五日の面影画は佐藤晶恵《あきえ》さん。

津波で亡くなられたご両親と妹さん夫婦を描かせていただいた。

最初は四人を一枚の絵に描いて欲しいということだったのだが、相談して二枚の絵に分けて描くことになった。普段の二倍の作業量になってしまった訳で、がんばって描いたのだが終わらないうちに暗くなってしまった。

結局一日で終わらず、翌朝までかかってしまった。時間がかかったのもそうだが、とにかく疲れた。二枚を一日で描くのは限界のようだ。

やはり、一日一枚を丁寧に仕上げるのが良いようだ。今回は二日に分けて描くべきだったように思う。

裕輝、後の事は
任せたぞ、
兄弟三人仲良くな、
体に
気をつけて
無理しないでね、

七月二十五日の面影画は佐藤晶恵《あきえ》さん。

津波で亡くなられたご両親と妹さん夫婦を描かせていただいた。

これは二枚目の妹さん夫婦の面影画。

お母さん
孫達を
お願いね、
母さん
後のことは
よろしく
頼む、
マヒロ、ありがとな
一緒にいられて
楽しかったよ、

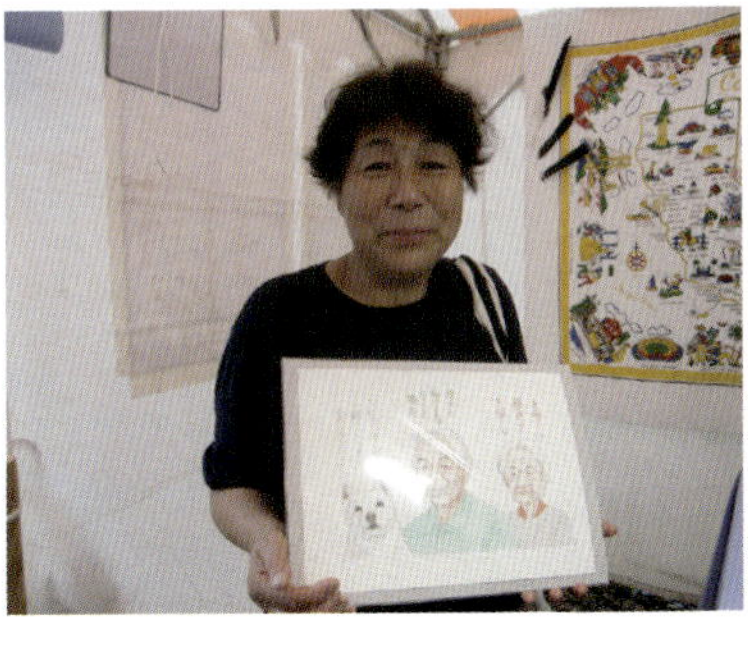

七月二十六日の面影画は佐々木スマヨさん。

津波で亡くなられたご主人とお母さんを描かせていただいた。

スマヨさんは今回の津波で家も失った。写真も何もなく、知り合いのところを回って、やっと何枚かの写真を焼き増してもらうことができた。

そんな苦労の末に、やっと手にした写真を持参してくれた。

絵のリクエストはご主人が大好きだった愛犬のマヒロを一緒に描くこと。そして二人は出来るだけ笑顔でというもの。

頑張って描かせていただいた。

時間通りに仕上げることが出来たので良かった。

七月二十八日の面影画は菅野昭男さん。

津波で亡くなられた友人を描かせていただいた。友人はコンビニの店長で、長い間親しくさせてもらっていた。

高校の卒業アルバムから焼き増した写真を持参していただいた。十八歳の写真から、四十歳の顔を作り上げる。ラフスケッチで修正を加え、納得いくまで直した。

絵は順調に仕上がった。今日も一日ＴＢＳのカメラクルーが張り付き取材だったので、神経を使い疲れた。今日はデリケートな内容で、表現する言葉を選ぶのに神経を使った。

七月二十九日の面影画は松坂功一さん。

津波で亡くなられた息子さんを描かせていただいた。奥さんの洋子さんと来られた功一さん。息子さんの大きな写真を持参してくれた。

絵を描いてもらうことで、自分の気持ちにひと区切り付けたいのだという。

市職員だった息子さん。

職務に忠実だったからこそ命を落としてしまった。

絵を受け取りに来た功一さん。大事にしますと喜んでくれた。これが何かのきっかけになりそうだとのこと。

やはり、絵が必要な人は多い。

秀子 孫たちのこと
頼んだよ、
話し相手
いっぱいだ、
心配いらね

七月三十日の面影画は藤丸秀子さん。

津波で亡くなられたお母さんを描かせていただいた。

秀子さんは七月十六日にＮＨＫで放送されたニュースを見てすぐに依頼に来られた。

写真だと飾っておくのに抵抗があったのだが、

「絵ならずっと一緒にいられるかも！」

と直感的に思ったという。十六日から今日まで、ワクワクしながら待っていたとのこと。

責任を感じつつ、おばあちゃんの絵は得意なので順調に描き上げた。

この絵が秀子さんの心を少しでも明るくしてくれれば嬉しい。

八月

八月五日の面影画は小野寺仁志さん。

津波で亡くなられたご両親と息子さんを描かせていただいた。

奥様と見えられた仁志さん。とつとつと三人の事を話してくれた。その日の様子や、三ヶ月間捜し歩いた話。淡々と話しているが、その内容は凄まじい。家族三人を失い、まだおばさんが行方不明だと言う。失ったものが大きすぎる。かける言葉はない。ただただ話を聞くだけだ。

絵を渡した後も、仁志さんの話は続いた。誰かに聞いてもらいたかったのだろう。

今はただ、頑張って下さいと握手するのが精一杯だが、この絵が何かの力になってくれれば本当に嬉しい。

八月七日の面影画は水野　慎さん。

津波で亡くなられた親友を描かせていただいた。親友の写真を持参してくれた慎さん。淡々と話す言葉に悲しみの深さを感じた。

親友の死をまだ受け入れられない状況が、ありありと伝わってくる。その言葉のはしはしに、押し殺した思いが潜んでいる。

まだ三十二歳。あまりにも早い死。

慎さんの真摯な受け答えと、友への思いに胸が熱くなる。途中から涙が止まらなくなってしまい、どうしようもなかった。

いつもビールを飲んでいた友を描いて欲しいというリクエスト。笑顔の親友を描かせていただいた。

嘉宏、孫たちのこと
頼んだよ、
ライムも一緒だから、
嘉宏、元気でな、
真生、
ちづる、
祐太、パパの言うことを
良く聞くんだよ、

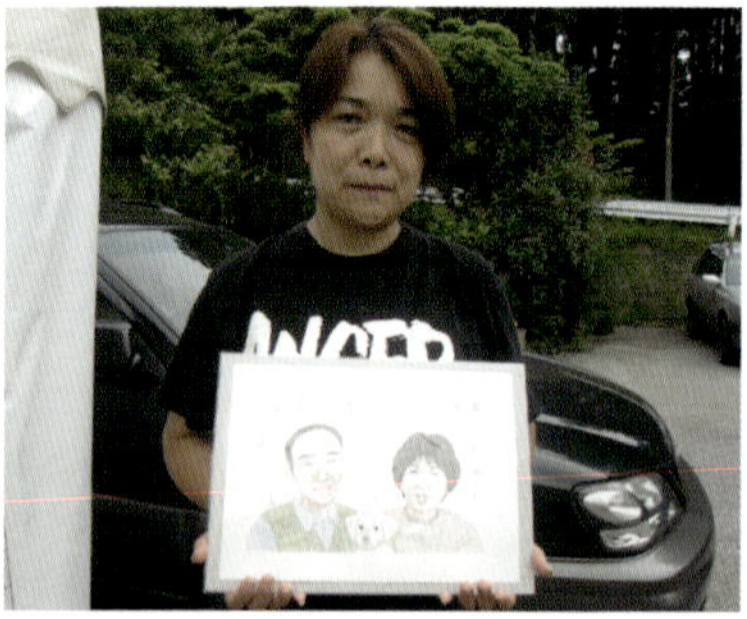

八月八日の面影画は菅野明美さん。

津波で亡くなられたご両親と愛犬を描かせていただいた。気仙大工だった、釣りが大好きなお父さん。料理上手だったお母さん。明美さんはこの絵をご主人にプレゼントするという。

ご主人は津波のあと、歩いて山を越え、子供たちの安否を確認した。翌日は地獄のような高田の町で、見える範囲の遺体をひとりひとり確認して両親を捜した。この現実を淡々と話す明美さん。家は流されて何もかもなくなった。被災の現実とはこういうものだ。ニュースではわからなかった。

絵を受け取ったときの、明美さんの笑顔に救われた。また、明日からがんばれそうだ。

りょう、元気にな、
二人一緒だから大丈夫、
りょう、お姉ちゃんやお兄ちゃんに何でも相談するんだよ、
三人仲良くね、

八月九日の面影画は阿部ひろみさん。

津波で亡くなられたご両親を描かせていただいた。

若いときから苦労したお母さんと、歳が行ってから苦労が多かったお父さん。避難所に避難していて津波に流された。両親を必死で捜す三人の子供。ひろみさんは淡々と話してくれたが、その内容は凄絶だ。

ラフスケッチを確認に来た時にひろみさんが言った「今日は久しぶりで両親の話をいっぱいしたので、帰るとき涙が止まりませんでした。でも、良かったです……」

時間が少なくて、絵は少々不満足な仕上がりだが、時間いっぱい頑張った結果だから仕方ない。この絵が、残された三人の子供たちに、両親を思い出させてくれるなら嬉しい。

八月十一日の面影画は小山よし子さん。

津波で亡くなられたご両親と愛犬を描かせていただいた。南三陸町の実家が津波に襲われ、何もかも流されてしまった。淡々と話していたよし子さんだったが、最後に「これから親孝行しようと思ったのに……」と涙が止まらなくなってしまった。

自分が立派に生きる事で「あの人の子供がこんなに立派になって……」となれば、それは立派な親孝行だと思う。そんな話をよし子さんにした。よし子さんは「そうですね、そう考えればいいんですよね……」と言ってくれた。一歩一歩前に進むしかないし、前に進む事が両親の供養になるはずだ。この絵が少しでもよし子さんの心の空白を埋めてくれれば嬉しい。

八月十二日の面影画は佐々木ヒナ子さん。

津波で亡くなられたお友達ご夫婦を描かせていただいた。ヒナ子さんは、この絵を残されたご長男に贈ろうとしている。持参していただいた写真は、ご夫婦を火葬にした時に使われていたもの。満面笑みのお二人が写っている。

残されたご長男に、強く生きて欲しいという親の想いを、絵に込めて描かせていただいた。

お母さん、ほのかと
くおんを頼んだよ。
今までありがとう、
楽しかったよ。
トラックで
あちこち
行ったなあ。

八月十三日の面影画は斉藤美津子さん。

津波で亡くなられたご主人を描かせていただいた。

トラック運転手だったご主人を、愛用のトラックと一緒に描いて欲しいというもの。

会社で一旦避難しながらも、トラックを取りに戻って被災してしまったご主人。あと一年で定年を迎え、これから楽しい第二の人生が始まるはずだった。

言葉少なに淡々と話してくれた美津子さん。「あの時、もっと強くハンドルにしがみついていてくれたら……」と、最後に言葉が乱れた。

これからも、折に触れて口から出る言葉なのだろうと思う。

この絵が美津子さんの痛みを和らげてくれれば嬉しい。

お父さん、杏と海斗を
お願いね、
いつも一緒で
楽しかった、
本当に
ありがとう、
直安さん、シャンとして！
ボケちゃうよ、

八月十四日の面影画は阿部直安さん。

津波で亡くなられた奥様を描かせていただいた。病院で看護師をしていた奥様、入院患者を助けようとして被災された。愛妻家で、どこに行くにも一緒だった直安さんの悲しみは大きい。

奥様の話を始めたとたん、目から涙があふれ出し、涙声でのインタビューになってしまった。三十五年連れ添った奥様を、理不尽な災いで亡くす。この衝撃がどれだけ大きいか、その喪失感はどれほど深いか。同じ歳の男として、人ごとでなく話を聞いた。直安さんもわかっていて、この絵を依頼することで、自分が変わりたいと思っている。

この絵が心の空白を埋めてくれれば嬉しい。

訓子、健人と桜を
頼んだぞ、
健人、桜、
強い子になれ、
父さんは見ているよ、

八月十五日の面影画は大友潮香さん。

津波で亡くなられた義理の弟さんを描かせていただいた。

義理の弟さんの絵は義理の妹さんへのプレゼントになるとのことで、義理の妹さんへのメッセージを書かせていただいた。

潮香さんの気持ちが少しでも伝われば嬉しい。

祥子、圭と瑠菜を
頼んだぞ、
貴祥、貴紀、
早く結婚して母さんを
安心させてやってくれ、
三人仲良くね、

面影画

八月十六日の面影画は佐藤祥子さん。

津波で亡くなられたお父さんを描かせていただいた。

水沢から一時間半かけて依頼に来られた祥子さん。弟さんお二人と息子さんも一緒に来られた。高田に単身赴任で被災されたお父さんの話を淡々としてくれた。

二人だけで並んだ写真が一枚もない、ということでお母さんと並んで笑っている絵をリクエスト。存命中の人と一緒に描くのは嫌がる人もいるので確認すると、三人が「是非……」ということで、並んだご夫婦を描かせていただいた。

この絵を見ながら、みんなでお父さんを思い出してくれたら嬉しい。

朋子、七海のこと
頼んだよ、
短い間
だったけど
楽しかった、
本当にありがとう。
幸せに
なってくれ。

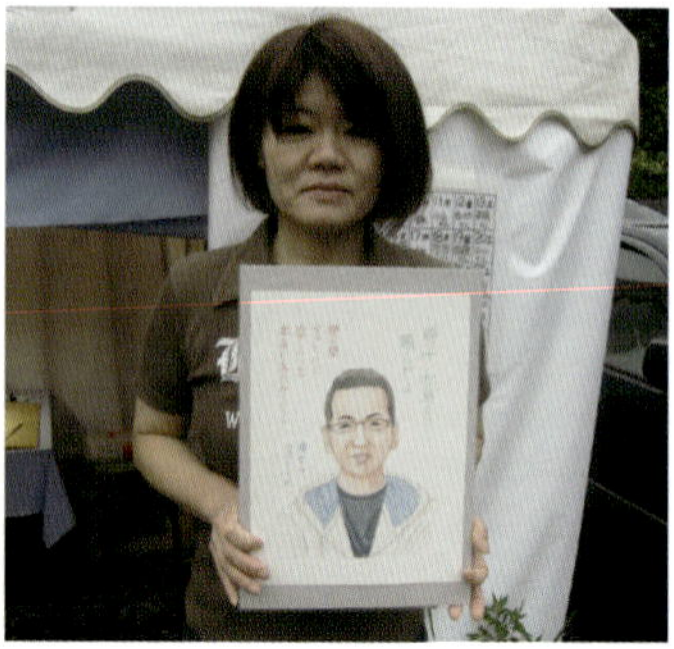

八月十八日の面影画は菅野朋子《ともこ》さん。

津波で亡くなられたご主人を描かせていただいた。結婚してまだ二年十ヶ月、生まれたばかりの長女を残して三十九歳の若さで亡くなってしまったご主人。朋子さんは話している間、ずっと涙が止まらない。

無理もないことだ。慰めの言葉もない。

なぜ、あの人が死ななければならなかったのか。繰り返し繰り返し考えるという。今日にでも、ふっと帰って来そうな気がして……と涙する。

今はただ時間が心の痛みを薄くしてくれるのを待つだけだ。

この絵で少しでも心の空白が埋まれば嬉しい。

勇、後のことは
頼んだよ、
かのんもトラも
一緒だから
心配しなくていいよ、

八月十九日の面影画は佐藤勇さん。

津波で亡くなられたお母様とお孫さん、そして飼い猫のトラちゃんを描かせていただいた。

今回の津波が勇さんに与えたダメージは大きい。特に、目の中に入れても痛くないほど可愛がっていたお孫さんを失ったことがつらい。

話をすると自分が崩れてしまいそうになるので最小限に……というインタビューだった。

それでも「佐藤家の長男として、家を再興する役目があるんです……」と気丈に話す。この絵を頼む事で自分にそれを言い聞かせたいのだという。

本当に大変な道のりだが、勇さんになら出来ると思う。応援したい。

忠人さん、子供達を
お願いね、
愛弓、
愛彩、
愛織、
お父さんを
助けるんだよ、

八月二十日の面影画は中山忠人《ただと》さん。

津波で亡くなられた奥様と愛犬を描かせていただいた。

二人の娘さんと来られた忠人さん。明るく楽しかった奥さんの話をたくさんしてくれた。二人の娘さんもそれに加わってにぎやかなインタビューとなった。

三人の話を聞きながら、なんて父親思いの娘たちなんだろうと思った。これだけ素敵な奥さんを失った悲しみ、つらさを精一杯和らげようとしている娘たち。

忠人さんもまた明るくそれに合わせている。お互いの痛みを共有しているからこそ出来る会話だ。なんて素晴らしい家族なんだろうか。家族の思いに応えたいと思った。明るくきれいな絵を描こうと思った。

八月二十一日の面影画は伊藤眞喜子さん。

津波で亡くなられた娘さんを描かせていただいた。眞喜子さんさんは淡々と娘さんの話をしてくれた。心中の痛み、恨みつらみは口に出さない。絵のリクエストは娘さんのウエディングドレス姿。

純白のウエディングドレスを着て微笑む姿を描かせていただいた。

理不尽な心の空白はあまりにも大きい。ケアマネージャーをしている眞喜子さんは、自分の心をコントロールする術を身につけている。しかし、自らの痛みを吐露出来ないつらさは、思うにあまりある。

願わくば、この絵が眞喜子さんの心の空白を少しでも埋めてくれますように。

お母さん、就大と隆登を頼んだよ、
忙しいばかりで話し相手もできないで悪かったね、
ありがとう久子、楽しかったよ、

八月二十二日の面影画は伊藤久子さん。

津波で亡くなられたご主人を描かせていただいた。久子さんは立派だったご主人の話を淡々としてくれた。仕事や公務で忙しかったご主人。お孫さんの成長を楽しみにしていたご主人。

絵のリクエストはポロシャツ姿で微笑んでいるご主人をというもの。市の要職に就かれていたご主人。残っている写真は背広姿で堅い写真が多いので、絵はせめてゆったりしたものを、とのこと。

ゆったりと微笑んでいるご主人を描かせていただいた。

この絵が、ぽっかり空いた久子さんの心の空白を、少しでも埋めてくれれば嬉しい。

八月二十三日の面影画は佐々木ルミ子さん。

津波で亡くなられたお姉さんを描かせていただいた。

遠く釜石から来られたルミ子さん。懐かしいお姉さんとの話を淡々としてくれた。

絵のリクエストは明るい色のVネックセーターを着て笑っている姉を、というもの。

明るい色調の絵にさせていただいた。

この絵が少しでもルミ子さんの心の痛みを薄くしてくれれば嬉しい。

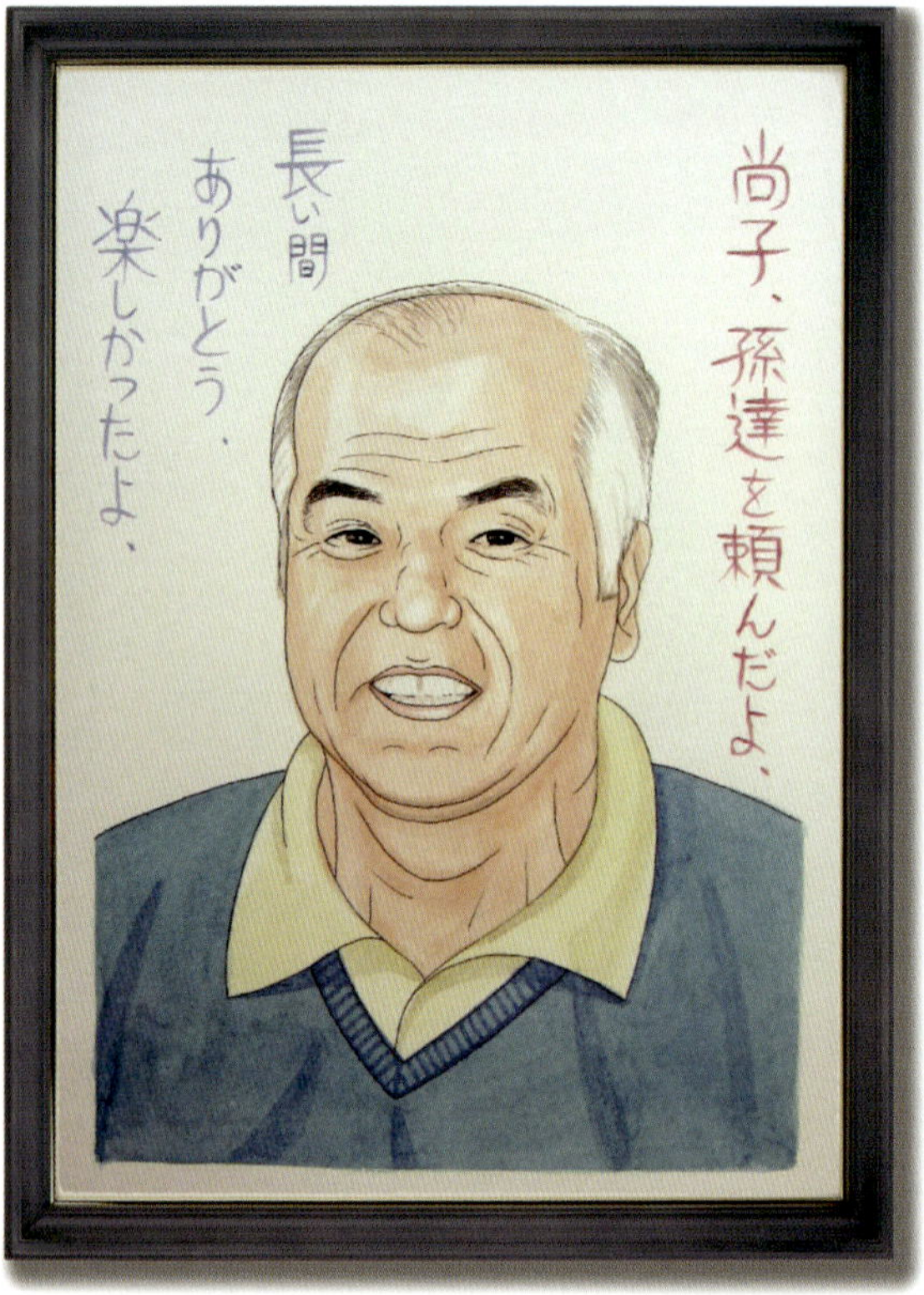

八月二十五日の面影画は伊藤　彰さん。

津波で亡くなられた知人を描かせていただいた。

二十年来の付き合いがあり、お世話になった人が津波で亡くなり、その面影画を失意の奥さんに贈りたいという。

にっこり笑った写真を持参していただいた。伊藤さんの気持ちが、失意の奥さんに伝わるよう、明るく笑った恩人を描かせていただいた。

美紀子さん、彩奈と京佳を
頼んだよ、
いろいろ
楽しかった、
長い間
本当にありがとう、

八月二十六日の面影画は中村美紀子さん。

津波で亡くなられたご主人を描かせていただいた。市の区長をやっていて、防犯パトロール中に被災してしまったご主人。美紀子さんも津波から逃げた。「お前に先に逝かれたら、俺は生きていけないよ」と冗談めかしく言っていたが、本当に先に逝ってしまった……と美紀子さん。

定年になって、これから第二の人生だと張り切っていたご主人。津波はその人生を奪い、希望は絶望になってしまった。ご主人はまだ発見されていない。

美紀子さんの心の中のご主人を精一杯描かせていただいた。

八月二十七日の面影画は小山《おやま》悦子さん。

津波で亡くなられた娘さんを描かせていただいた。女子サッカーの有望選手だった娘さん。かつて岩手県選抜のエースナンバー十番をつけていた選手だった。将来のなでしこジャパンを目指していた娘さんのことは新聞でも取り上げられた。サッカーだけでなく娘の成長を楽しみにしていたと、涙ながらに娘さんの話をする悦子さん。かける言葉がなかった。

何もかも家にある。しかし、本人だけがいない。このつらさは計り知れない。何を見ても、何をしていても娘を思い出してしまうという。

所属チームのユニフォーム姿で、笑顔でサッカーをしている娘さんを描かせていただいた。

お父さん、元気出してよ、
ボケちゃうよ、
兄ちゃん、
真希ちゃん、
幸せになるんだよ、
HAPPY

八月二十八日の面影画は砂田光照さん。

津波で亡くなられたお母さんを描かせていただいた。家も何もかも流されてしまい、「これ一枚しかないんです……」という大事な写真を持参していただいた。

寝る間も惜しんでみんなの為に働き続けたお母さん。一旦は津波から避難したのに、寝たきりの知り合いのおばあちゃんを助けに戻って津波に襲われた。とりわけお父さんの悲しみが大きい。光照さんは、家族みんなの悲しみを少しでも和らげる事が出来れば……と面影画に申し込んだ。

唯一残された写真を元に、エプロン姿で笑顔のお母さんを描かせていただいた。

兄ちゃんには最後まで
迷惑かけちゃったなあ…
ホントに
申し訳ない…
家さえ
流されなきゃなあ…

八月二十九日の面影画は高橋正昭さん。

津波で被災された弟さんを描かせていただいた。正昭さんの弟さんは津波で家を流されてしまった。本人は無事だったが、その後の過酷な避難生活と心労で倒れ、心臓が停止してしまった。救急隊の必死の処置と病院の治療で一命は取り留めたが、意識は戻らない。

せっかく津波からは助かったのに、避難所で命を落としてしまった人も少なくない。そしてこれから、仮設住宅に入居したあと、先の人生に希望を見いだせずに命を落とす人も多くなるだろう。

一歩進むためには希望が必要だ。希望を与えなければいけない政治は、いったい何をやっているのか。

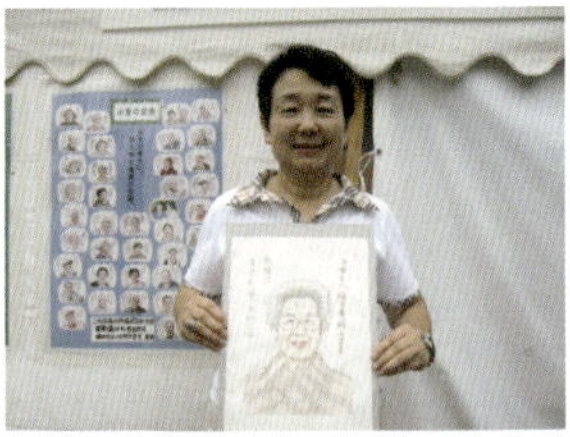

九月

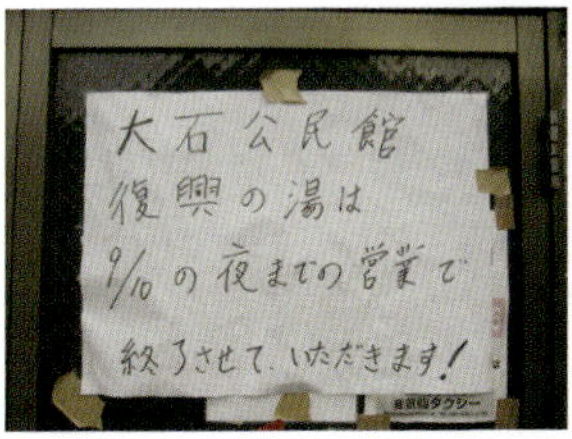

お母さん、後の事頼みます、
神様にもらった命、大切にね、

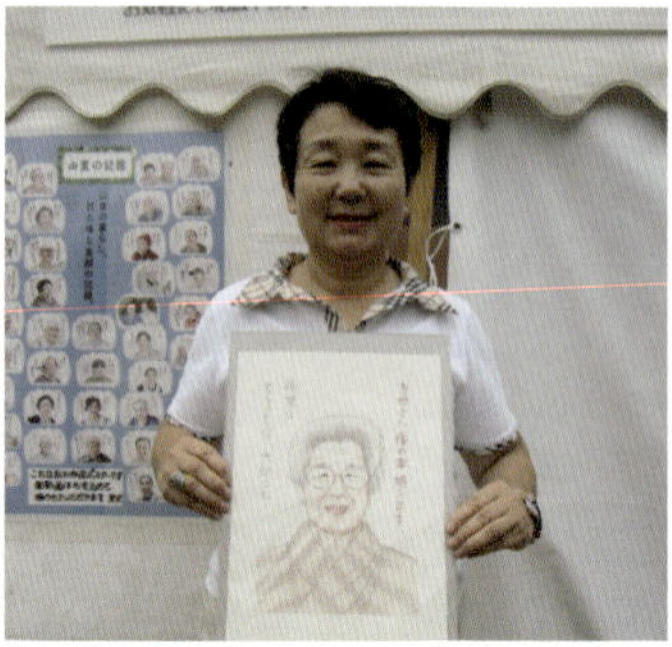

九月二日の面影画は米谷《まいや》易寿子《やすこ》さん。

津波で亡くなられたお義母《かあ》さんを描かせていただいた。

一家の精神的な柱だったお義母さん。まだまだ元気でこれからも活躍してもらうはずだった。津波は避難所ごとお義母さんを流してしまった。

奇跡的に、何かに導かれるように助かった易寿子さん。「私が助かったのはおばあちゃんやご先祖様のお陰だと思います……」と言う。

この絵が易寿子さんの心の空白を少しでも埋めてくれれば嬉しい。

カズ、後の事は頼んだよ、
いろいろあったけど
楽しかった、
やっと
父さんと一緒だ、

九月三日の面影画は佐々木一成《かずしげ》さん。

津波で亡くなられたお母さんを描かせていただいた。一成さんが持参したアルバムには被災前の自宅と被災後の自宅跡が写っていた。立派な庭を持つ家の写真は素晴らしい。お父さんが丹誠込めて作り、年に一度庭師が一週間かけて手入れをしていた庭。

一方、庭石だけが瓦礫の中に残された家の跡。周辺一帯が何もなくなって一面の瓦礫しかなくなっている写真。津波の破壊力と被災の現実。何もかもが破壊されてしまった。

この絵を描く事で一成さんは次の一歩を踏み出そうとしている。父が作り、母が守って来たものを再建する。大変なことだが、まずは一歩から始まる。

あんたぁ、孫たちのこと
頼みますよ、
いろいろ
大変だけど
がんばってね、
見てるから、

九月五日の面影画は菅野勝也さん。

病気で亡くなられた奥さんを描かせていただいた。勝也さんは今回の津波で家も何もかも流されてしまった。何もなくなり、せめて妻の肖像だけは持っていたいと、友人から写真を借りて、面影画に申し込んだ。これから先を生きる支えが欲しかった。

和裁をやっていた奥さん。友達から借りた写真も、和服を着て集まる会のものだった。その中の一枚に、にっこり笑った奥さんが写っていた。

絵は、この笑顔を元に描かせていただいた。

この絵が勝也さんのこれからを見守ってくれ、そして、勝也さんの背中を押してくれれば嬉しい。

九月六日の面影画は山田美加さん。

津波で亡くなられたご両親と愛犬を描かせていただいた。「家が流されちゃって、写真がこれしかなくて……」と何枚かの写真を持って来てくれた美加さん。話し出してすぐに涙が出てしまい、止まらない。

無理もない、目の前で両親が津波に呑み込まれ、手にしていた綱を離した愛犬も津波に呑まれてしまった。息子と二人で津波から逃げた恐怖は今も消えない。かける言葉もなく、話を聞きながらこちらも涙が出てしまう。

出来る事は、絵の中に美加さんの思いを込めること。いつの日かこの絵を見て、笑っているご両親を思い出してくれれば嬉しい。

じいちゃん、一球入魂で
後を頼んだよ。
楓、鈴、
やる時は
全力投球で
やるんだよ。
ばあちゃん、
三人をよろしく。
小百合、
ありがとな。

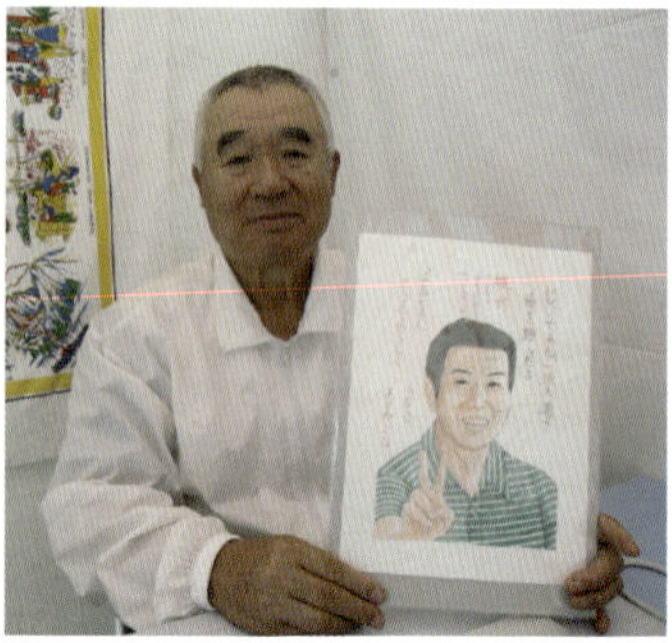

九月八日の面影画は大畑信吾さん。

津波で亡くなられた息子さんを描かせていただいた。

二人の娘の父親として、良き夫として、四人兄弟の長男として、まだまだやることがいっぱいあった。まだまだ生きてもらわなければならなかった。と信吾さんが言う。

信吾さんの落胆は大きい。本当に無念で悔しいのは信吾さんの方だ。

心の空白はあまりに大きい。埋める事など出来はしないが、少しでもこの絵で痛みが薄くなってくれれば嬉しい

英二、後の事は頼んだよ、
体を大事にね、
一寸先は闇、
生きてる限りお金は必要だよ、

九月九日の面影画は鈴木英二さん。

亡くなられたお母さんの絵を描かせていただいた。英二さんのお母さんは震災前の二月に病気で亡くなられた。英二さんは勤め先で被災した。仙台空港の近くの会社で、津波から逃げ、仙台空港にかろうじて逃げ込んで助かった。その後の再建を母の遺言で乗り切ってきた。そんな英二さんがテレビを見て、名取市から「是非に」と面影画に申し込んでくれた。

事業の先達として何もかも教え、導いてくれた母に対する英二さんの思いは深い。そんな英二さんの思いを筆に込めさせていただいた。

英二さんのこれからの人生、この絵が背中を押してくれるようになれば嬉しい。

お母さん、朱里と百紀を
頼んだよ。
忙しい
ばっかりで
どこにも
行けなくて
ごめん。
あかり、ゆき、
強く生きてくれ。

九月十日の面影画は藤崎まゆみさん。

津波で亡くなられたご主人を描かせていただいた。涙ぐみながら亡くなったご主人の話をしてくれたまゆみさん。自分自身の気持ちや、娘達の気持ちを切り替える為にと面影画に申し込んでくれた。

震災から半年、まだご主人は見つかっていない。まゆみさんにとっても、娘たちにとっても震災はまだ終わっていない。

持参していただいた写真は、今年長女が成人式を迎えたときの写真。にっこりと笑ったご主人が写っている。この笑顔を元に絵を描かせていただいた。

この絵が心の空白を埋める事は難しいだろうが、次への一歩を後押ししてくれれば嬉しい。

九月十一日の面影画は菅野典子さんと松峯育美さん。

津波で亡くなられた同僚を描かせていただいた。

二人は会社で被災した。その時一緒だった同僚で、尊敬する人の面影画を描いて欲しいと依頼に来た。二人はこの絵を亡くなった同僚のお母さんに贈りたいと言っている。

二人はまだ、今回の震災で受けたダメージを克服出来ず悩んでいる。お母さんもそうだけれど、二人にも何かの救いが必要だ。これだけの大きな被害、なかった事にすることは出来ない。だからこそ心のケアが必要になる。

この絵が二人の心を修復出来るかどうか分からないが、少しでも痛みを和らげてくれれば嬉しい。

ママ、真優と
優輝を頼んだよ。
こっちは
真輝と
一緒だから
心配しなくて
いいよ。
ママ、パパと
一緒だから。

九月十三日の面影画は熊谷真理さん。

津波で亡くなられたご主人と息子さんを描かせていただいた。

ご主人は消防団に入っていた。市民を誘導しようとして津波に巻き込まれた。役目に忠実だったための悲劇だった。息子さんとおばあちゃん、そして妹までも命を落とした。真理さんにかける言葉がなかった。

面影画のリクエストはにっこり笑った息子さんに寄り添うご主人をというもの。

あまりに大きい喪失に、この絵が役に立つのかどうかも分からないが、真理さんの心の痛みが少しでも和らげば嬉しい。

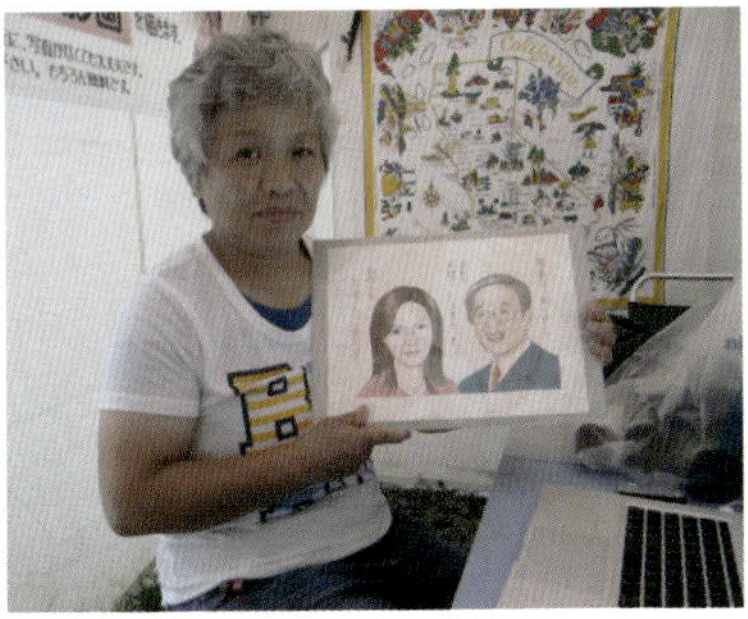

九月十五日の面影画は菊池美喜子さん。

津波で亡くなられたご主人と、十四年前に二十五歳で亡くなられた娘さんを描かせていただいた。

美喜子さんは震災の時、北海道にいた。娘さんの出産立ち会いの為だった。津波でご主人を亡くし、家も工場も車もすべて流されてしまった。

北海道から戻ると、被災の現実が重くのしかかってきた。

職人で頑固一徹なご主人だった。持参した写真は満面の笑みで写っている。「まったく、普段はこんな顔しないのに、こんな写真が残ってるんだからね。不思議ですよね」

失ったものが大きすぎる。この絵が少しでも美喜子さんの痛みを和らげてくれれば嬉しい。

お父さん、修平と聡太のこと
お願いね。
敏朗さん、
あなたと
一緒で楽しかった。
本当に
ありがとう。

九月十六日の面影画は黄川田敏朗さん。

津波で亡くなられた奥様を描かせていただいた。薬局をやっていて、被災した奥様を三ヶ月間捜した敏朗さん。六月末にＤＮＡ鑑定で発見されるまで、必死で捜した。奥様の遺留品が警察から渡され、その中に腕時計があった。

震災一週間前に二人で東京に行った時に買ったものだった。時計は動いていた。思い出の品が、かけがえのない遺品になった。

絵のリクエストは一緒に流された猫を抱いているところを、というもの。敏朗さんの思いを込めて、丁寧に描かせていただいた。

この絵で少しでも敏朗さんの心が軽くなれば嬉しい。

美名、幸せになってね、
今は
父さん母さんと
一緒だから、安心して、

九月十七日の面影画は横澤美名さん。

二十一歳の時に事故で亡くなったお姉さんを描かせていただいた。

美名さんは今回の津波でご両親を亡くした。以前、この面影画で描かせていただいた。

家が流されてお姉さんの写真や位牌もすべて流されてしまった。知り合いの人が探してくれた成人式の記念写真だけが手元にある。その写真を元に面影画を描かせていただいた。

絵のリクエストは結い上げた髪をショートボブに、着物を福祉介護士の服装にして、というもの。「働いている姿が一番お姉ちゃんらしいので……」この絵で、お姉さんを近くに感じてもらえば嬉しい。

のりこ、お前がんばれよな、
また
木綿のハンカチーフ歌おうぜ、

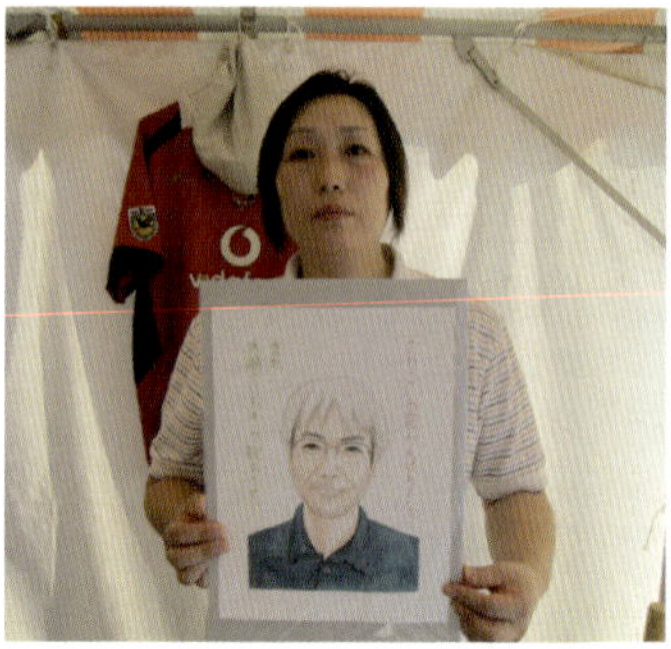

九月十八日の面影画は菅野典子さん。

津波で亡くなった同級生の上司を描かせていただいた。

子供の時からずっと一緒だった同級生と偶然職場で一緒になった。立場は上司だったが、何でも相談出来る間柄だった。仕事の愚痴をよく聞いてくれた。責任感の強い人だった。一旦避難したのに、部下を捜して職場に戻り、被災してしまった。

絵のリクエストは「私が次の一歩を踏み出すための力を与えてくれる絵にしてください」と難しい。

典子さんの期待に応えられたかどうかはわからないが、精一杯気持ちを込めて描かせていただいた。

この絵が典子さんの背中を押してくれれば嬉しい。

九月十九日の面影画は後川安希子さん。

津波で亡くなった友人を描かせていただいた。好きなコーラスが縁で知り合った友人で、もう三十年来の付き合いになる親友だった。ご主人も一緒に亡くなっていて、家族ぐるみのおつきあいも終わってしまった。

安希子さんは、友人の面影を抱いて今後の人生を生きたいと、面影画に申し込んだ。

絵のリクエストはコーラスで歌っているきりっとした友人を、というもの。

スポーツウーマンで、書や絵画もやるという友人を、丁寧に描かせていただいた。

美子、今までありがとうな。
楽しかったよ。
本当に
苦労をかけて
申し訳なかった。
元気にな。

面影画《おもかげが》

九月二十日の面影画は金　美子さん。

津波で亡くなられたご主人を描かせていただいた。建築士だったご主人。苦労して勉強した人だった。中学しか出ていなかったのだが、一級建築士の資格を取るほどの勉強家だった。山が好きで、写真が好きで、温泉が好きだった。

写真好きなご主人、写真はたくさんあった。絵のリクエストは背広姿できりっとした姿を、というもの。美子さんのまぶたに残るご主人を丁寧に描かせていただいた。

この絵でご主人を明るく思い出してもらえれば嬉しい。

面影の記憶——面影画を描くために伺った話を、当日中にまとめた文章——

六月五日の面影画は菅原由紀枝さん

描いた人　菅原輝男さん　七十五歳　父
　　　　　菅原芳子さん　七十一歳　母

輝男さんは気仙大工だった。温厚で無口な人だったが、家族を思う気持ちは誰にも負けなかった。真面目で一本気で、職人気質がそのまま生き方になっていた。定年になってから畑をやるようになり、畑仕事を黙々としている背中が、由紀枝さんには忘れられない。

由紀枝さんがやっている畑に、一日に二回も三回も水をやりに来てくれた。由紀枝さんのために松の剪定をやってくれた。松の剪定は由紀枝さんの娘に引き継がれるはずだった。ごはんが好きで、みんなで焼肉に行ったりすると、四人分くらい食べるような人だった。体は丈夫で元気だった。「がんばりすぎるなよ……」が口癖だった。長女で大事に育てられた由紀枝さんにとって、その言葉が本当に嬉しかった。

地震が来た時に輝男さんはバイクで皆の安否確認をしていた。長砂《ながすか》の実家を助けに行く途中で津波に襲われたようだ。見つかった時はヘルメット姿だった。「家族だけは守る」と常々言っていた輝男さんだったが、その行動はその言葉通りのものだった。

芳子さんは今までずっと人の為に生きて来た。三十五年間の民生委員活動は、皇后様から盾をもらうほど評価された。損得関係なく、人の為に生きて来た。そんな母の生き方は、由紀枝さんにとって人生のお手本になる生き方だった。

「いいよ、いいよ」が口癖で、何かあると「大丈夫だよ……」と励ましてくれた。お産の時も手が赤くなるほどさすってくれた。

今回の津波の時もそうだった。高田小学校の体育館の前で、避難してきた人の世話をしている姿が知人に目撃されていた。その高田小学校を津波が襲う。芳子さんは行方不明になってしまった。人の為に生きて来た芳子さんが、自分から先に逃げる事は出来なかった。

由紀枝さんが勤めている施設にも被災者が避難してきた。由紀枝さんは両親を捜しに行きたかったけれど、施設の仕事が優先され、自分の両親を捜しに行くことが出来なかった。

芳子さんは、食べることが好きな人だった。今回の地震の直前だった。大好物のキンカンと白キクラゲのシロップ煮を食べた時に「おいしい〜」って喜んでくれた。本当に、あんなに嬉しそうに「おいしい〜」って言ってくれたのは珍しかった。それが最後の言葉だった。もう大好物の料理を作ってやることも出来ない。


もうすぐ結婚五十周年を迎える二人だった。どちらかというと元気に活動する芳子さん。家の仕事や畑仕事を黙々とやる控えめな輝男さん。外に出かけるときは、芳子さんは輝男さんを立てて、自分が前に出る事はなかった。そんな両親を暖かく見守っているだけで幸せだった。

由紀枝さんにおくる、ご両親の記録。

輝男さんと芳子さんのご冥福をお祈りいたします。

六月六日の面影画は伊藤ひろみさん

描いた人　中山信夫さん　七十八歳　父
　　　　　マックス　　　　　　　　愛犬

信夫さんは若い時から左官職人だった。この地方では気仙大工が有名だが、左官職人は少ない。家を建てる際に土間のたたきを一番に作るのが左官の仕事だった。腕を見込まれて各地に出稼ぎに行っていた。北海道で働いていた時に奥さんと知り合い結婚した。その後地元に戻り、若い職人を育てながら六十五歳で定年を迎えた。しかし、腕のいい左官職人は少なく、昔ながらの壁塗りなどが出来る人がいなかったため、建築会社に請われて七十歳まで地元で働いていた。

定年退職後は家のことや畑のこと、犬の散歩など、一日中何かしている人だった。ひろみさんから見た父は頑固な人だったが、犬のマックスを飼うようになってから見違えるほど穏やかな人になった。信夫さんはとにかくマックスを可愛がった。いつも三時には散歩に出かけた。マックスも信夫さんといる時が一番嬉しそうだった。年に何度かマックスを連れて気仙川にアユ釣りに行く事もあった。

三月十一日、いつものようにマックスを散歩に連れて行こうとした時に地震が来た。家にいた三人で外に飛び出した。地震はなかなか収まらず、信夫さんは「高い所に行け！」と叫んだ。ひろみさんは、たまたまカバンに大事なものがまとめて入っていたので、それを持って逃げた。着の身着のまま母を連れて逃げた。たまたま通りかかった知り合いの車に乗せてもらい、高い所に逃げられた。

「俺はすぐ後から行くから！」という信夫さんの声。体が丈夫だった信夫さん。地区の班長をやっていて、防災指導などもしていた。責任を感じる人だった。

「マックスが遅れてる」下の方から波というか、何かの塊のようなものが家を押し上げながら迫ってくる。ひろみさんが振り返ったら信夫さんの姿がなかった。

下から来た人が「うちらに早く上がれ、上がれって言いながら、なんで下に行ったんだい」と怪訝そうに言う。信夫さんは遅れていたマックスを連れに行ったのだ。

結婚して五十年、おととし市の合同金婚式がキャピタルホテルで行われ、信夫さんもそれに出席した。四月、父と母、ふたりが正装して満開のしゃくなげの前で撮った記念写真。二人が並んで撮った唯一の写真だったが、津波が全てを流してしまった。

孫の就職を喜んでくれたおじいちゃん。「いいところに就職出来て良かったな」と孫の成長を楽しみにしていたおじいちゃん。年に何度かアユ釣りに行き、釣ったアユに塩を振って冷凍し、孫が帰ってくるまで食べなかったおじいちゃん。

天国でマックスと一緒にみんなを見守ってくれているに違いない。

ひろみさんにおくる　大好きだった父の記録。
信夫さんのご冥福をお祈り致します。

六月七日の面影画は鈴木勝井《かつい》さん

描いた人　鈴木信子さん　七十五歳　妻

朝、ゴミ焼き場で勝井さんに会った。「ばあさんが夢に出てきたんだ。おじいちゃん、おじいちゃん、て呼ぶんだよね。目が覚めたらちょうどトイレの時間だったんだよ。死んでまで夢に出て来るんだから世話焼き女房だったんだよ……」

問わず語りにつぶやいていた言葉を、たまたま横で聞いていた。

今日の作業は九時から。約束の時間に来られたのは、勝井さんと息子の憲章《のりあき》さんだった。さっそく信子さんの話を聞く。

信子さんは二十四歳のとき二十九歳の勝井さんと結婚した。勝井さんは二十八歳から定年まで教師を勤め上げた。本人曰く「女房には苦労かけっぱなしだった。若い頃は競馬やったり、麻雀やったり、あんまりいい亭主じゃなかった。本当にいい女房だったんだよ。これから奥さん孝行しようと思った矢先にこんなことになっちゃって……」言葉が続かない。

去年、金婚式で家族みんなに祝ってもらった。今日はその時の写真を持参していただいた。

人生で一番嬉しかったのは息子が生まれた時だった。女系家族で男の子が生まれたのは六十年ぶりだった。勝井さんも信子さんも本当に嬉しかった。子供は男の子と女の子の二人に恵まれ、孫が六人いる。子供からも孫からも世界一のおばあちゃんと慕われていた。

中でも、孫の秀君はおばあちゃん子だった。幼稚園の頃、誰に教わったのか「百円けんねえばぶっちめっちょ」などとおばあちゃんに迫って百円をせしめた。信子さんは「はいはい」と言って百円を渡すのが常だった。「しゅっこ、しゅっこ」と呼んで、本当に孫に甘いおばあちゃんだった。

料理上手で何を作っても美味しかった。料理をしてる姿が良かったと勝井さん。憲章さんが思い出すのは、そばつゆが美味しかったこと。有名な藪屋のそばつゆよりも美味しいと言ったら、信子さんはとても喜んでいた。

信子さんは彫刻をやっていた。彫刻入りの手鏡を、兄弟や親戚に作って配って喜ばれた。彫刻仲間との付き合いも楽しそうだった。仲のよい人が四人いて、よく話していたものだった。

地区の芸術祭で入選した作品もあった。勝井さんは、その作品を探そうと家のあった場所を見回ったが何も見つからなかった。

三月十一日、大きな地震だった。戸棚が倒れ、その片付けをしていたが、長い揺れに四人は庭に飛び出した。松原から鳥が飛び立ってこちらに飛んで来るのが見えた。「ああ、松原まで津波が来たか……」とその時は思った。

しかし、一旦舞い降りようとした鳥達がまた再び飛び上がるのを見て、事態が尋常でない事がわかる。勝井さん、信子さん、憲章さん、秀君は懸命に逃げた、竹林の斜面を上に必死で逃げた。バリバリバリッと、まるで戦車の大群が追って来るような音が後ろからした。

二十歳の秀君は若くて身軽だった、自分の力で逃げ切った。勝井さんは信子さんの手を握って走る。勝井さんの手を憲章さんが握って走る。憲章さんは「おやじ、がんばれがんばれ」と叫ぶ。勝井さんはそんな息子に「逃げろ、逃げろ」と叫ぶ。三人は頭まで水をかぶった。そのとき、しっかり握っていたはずの信子さんの手が勝井さんの手から滑った。「あっ……」勝井さんの頭は真っ白になった。どうしようもなかった。

「家内は私を逃がす為に手を離したんだろう……」「私は家内に生かされた……」もうだめだった。何も聞けなかった。涙で顔を上げられない。インタビューは中断した。

市政発展功労者に勝井さんが選ばれたとき、一番喜んでくれたのが信子さんだった。フラワーロード陸前高田を十六年続けられたのも、信子さんの内助の功あってのものだった。勝井さんは毎日信子さんを思い出している。

孫の秀君が描いた申込書の言葉……「誰にも似ていなく、世界で一番やさしい人」

勝井さんにおくる、すばらしい奥様の記録。
信子さんのご冥福をお祈りいたします。

六月九日の面影画は佐々木松男さん

描いた人　佐々木好美さん　六十二歳　妻
　　　　　佐々木迪彦《みちひこ》さん　二十七歳　次男

松男さんは忙しい人だった。今、高田の松原を紹介する本を作っている最中だった。六月二十二日に東京都木場の木材会館で開催される「海岸林学会」で高田松原の再生や歴史などについて発表することになっている。

そんな忙しい松男さんが、時間を割いて絵の申し込みに来てくれた。手には一枚の写真。家が全て流されてしまい、秋田の兄から送ってもらった唯一の家族写真だった。

好美さんと松男さんは、好美さん二十六歳、松男さん二十五歳の時に結婚した。早生まれの一歳年上の好美さんだった。

松男さんは陸前高田で印刷・出版の仕事をずっとしていた。本が好きだった。好美さんも本が好きで、そんなことが縁で、結婚することになった。

好美さんは子供の頃、図書館の先生にあこがれていた。そんな影響だったのだろう、その大好きだった図書館の仕事を五十歳までやった。その後、本庁に戻り、六十歳の定年まで公務員として勤め上げた。

とてもさっぱりした性格で、年上ということもあり、松男さんもたじたじだった。二十年間やり続けた琴を、いきなり東海新報に「差し上げる」の広告を出したりする人だった。四十歳を過ぎてから、結婚式の写真が「変だから」と言って捨てちゃったりしもした。

姑が大事にしていた長持を、邪魔だからといって捨てようとする。姑とはそんな事で別々に暮らすようになったり、まあ、アッサリした性格の人だった。

若い頃は、年上ということもあり、松男さんを「松男くん」と呼び、松男さんは「好美さん」と呼んでいた。「だって、向こうが上なんだから、仕方ないよね……」と松男さん。

本が好きで、よく買って来て読むのだが、読み終わるとすぐに「図書館に寄付する」と言って持って行ってしまう。だから佐々木家には本が異常に少なかった。

本が好きなのは同じでも、松男さんは大事に取っておきたいタイプ。一方好美さんは、大好きな図書館に寄贈して本に第二の人生を歩いてもらおうとするタイプ。で、力関係から、佐々木家の本は大半が図書館に行くことになってしまった。

力関係というか、アッサリした性格からというか、松男さんは常に自立を求められた。息子達も同じだった。夕方、好美さんからメールが来る。内容は「各自」。これは、夕食は各自で食べて下さいというメッセージ。

料理が嫌いではなかった松男さんは、特に苦にはならなかった。「だって、俺が作った方が旨いんだもの……」

三月十一日、松男さんは市内の会社で仕事中だった。会社は市役所の近くだった。津波が来たとき、松男さんは市役所に逃げ込んで難を逃れた。

一方好美さんは、家にいた。実母の家が車で五分のところにあり、車でおばあちゃんを連れに行った。そこに津波が来て……。

好美さんは高田高校の音楽室で見つかった。自宅から百メートルも流されていた。松男さんが言う「好美はたぶん家に戻ったんだ。次男の部屋の位牌を取りに戻ったんだ……」

今回、好美さんと一緒に描いた次男の迪彦《みちひこ》さんは、昨年三月に他界していた。二十七歳という若さで……。

好美さんは迪彦さんが大好きだった、「みっち、みっち」と呼んで可愛がっていた。

松男さんは仲間はずれになり、気の合う長男とタッグを組んだ。そのくらい仲の良かった二人だった。好美さんは一年間泣いていた。「みっちのとこに行きたい……」とつぶやくことも多かった。奇しくも三月、同じ月に天に召された。

「行きたい、行きたいって言ってたから、行っちゃったのかねえ……」

絵は二人を一緒にして、笑顔でというリクエストだった。ちょっと背が高くなった迪彦さんと、にっこり笑った好美さんを描かせていただいた。

松男さんにおくる、素敵な奥様とやさしい息子さんの記録。

好美さんと迪彦さんのご冥福をお祈りいたします。

六月十日の面影画は佐々木勤子《いそこ》さん。

描いた人　佐々木敏行さん　四十七歳　夫

敏行さんは十八歳の時から、陸前高田の八木澤商店に勤めた。以来、八木澤商店ひとすじに働いて来た。勤子さんと知り合った時は、すでに八木澤商店の営業を任されていた。

敏行さん二十七歳、勤子さん二十八歳での結婚だった。勤子さんの友人が敏行さんの同級生で、みんなで盛岡に遊びに行った時に知り合った。以来三年、高田の敏行さんと盛岡の勤子さんは愛を育み、盛岡のニューカリーナホテルで挙式した。

「お嫁さんの家に近い方がいいだろう……」という敏行さんの配慮でもあった。大安で、この日がいいと勤子さんの父親が決めた日だった。新郎は高田からマイクロバスを仕立てて親族でやってきた。にぎやかで楽しい結婚式だった。

子供は二人に恵まれた。長女は若菜ちゃん。今年受験で、青森の大学を目指している。長男は塁《るい》君。小学四年生で、スポーツ少年団で野球をやっている。

敏行さんは息子とキャッチボールをするのが夢だった。塁君が生まれたときにすごく喜んでくれた。名前も「塁」、まるで野球をやってくれと言わんばかりの名前だ。

塁君が成長し、スポーツ少年団で野球を始めた時、敏行さんは息子とキャッチボールする夢がかなった。松原にランニングしに行ったり、バッティング練習に付き合ったり、そのうち試合にも審判で参加するほどの熱の入れようだった。

とにかく、息子が野球をやるのが嬉しかった。「るい。るい」と呼んで可愛がっていた。

長女の受験が迫るにつれて、一人で生活させるのが心配で心配で、家事やお金の心配やら、敏行さんは心配ばかりしていた。でも、最終的には娘の思う通りの進路に行かせようと決めていた。「わっか、わっか」と呼んで可愛がっていた。

八木澤商店で盛岡の営業を任されていた敏行さん。休みは日曜日だけだった。休みにはスポーツ少年団の野球に行ったり、消防団の活動、高田クラブという社会人野球のマネージャーとしての活動もあった。本当に忙しい人だった。共働きだったので、家事も手伝ってくれた。

「今日も忙しいなあ……」「今週も忙しいなあ……」といつも言っていた。

三月十一日、勤子さんは朝七時の早番だった。まだ寝ているみんなを起こさないように出かけた。

顔を見なかった事が、今にして思えば悔やまれる。

敏行さんはいつものように八木澤商店に出勤した。地震が来た時は気仙町で会議中だった。八木澤商店のみんなは、山に逃げて無事だった。敏行さんだけが、なぜ……

敏行さんは消防団員だった。消防車で水門を閉めに走り、閉めた水門に立ち入り禁止のテープを張った。その後、消防車を降りたのが清風堂の前だったことは、他の団員の証言でわかった。その直後に水門をはるかに超える津波が襲って来た。

敏行さんは竹駒駅東三百メートルの場所で発見された。道路上だったため、瓦礫の撤去をした際に発見された。清風堂から五～六キロも流されたことになる。

しかし、勤子さんが敏行さんを確認出来たのは三月二十一日になってからだった。知り合いの消防団員に言われて遺体安置所に見に行った。

ひと目で敏行さんだとわかった。変わり果てた姿だった。同じ遺体を、おじさんもおばさんも見ていたがわからなかった。でも、勤子さんにはひと目でわかった。

今、勤子さんは実家のある盛岡に住む事にした。長女の受験、長男の学校、どれも待ったなしの状態で、ひとりで決断しなければならなかったが、敏行さんがいても、この決断はほめてくれると思う。

子供たちは、これから先を生きなければならないのだから。

見せてもらった敏行さんの写真。「本人がトムクルーズに似てるって言ってたんですよ。いい男でしょ……」「うん、かっこいいですね」眉毛のきりりとした美男子がそこにいた。

勤子さん自慢の旦那様だった。

勤子さんにおくる、世界一の旦那様の記録。

敏行さんのご冥福をお祈り致します。

六月十一日の面影画は佐藤美名さん

描いた人　佐藤建治さん　七十五歳　父
　　　　　佐藤晴子さん　七十三歳　母

建治さんは気仙大工だった。腕が優秀で、ずっと神奈川の知り合いの会社で大工として、出稼ぎのような形で働いていた。美名さんがものごころついたころには、もう家を空けていることが多かった。美名さんが十八歳の時に会社を辞めて家に戻ったが、その時は美名さんが会社勤めで家を空けるようになった。父と娘はすれ違うような生活で、美名さんは父と本音で話した事が少ないなあと言う。母子家庭で育ったようなものだと美名さんは笑う。

気仙大工だった建治さん。職人気質そのままの頑固なお父さんだった。子供の頃は怖かった。ご飯を食べる時間も決まっていて、その時間でなければ箸も持たないような人だった。

でも、そんな父がお土産にとヘアゴムを買ってきてくれたことがあった。美名さんは「お母さん、お父さんがおみやげ買ってきてくれた！」と大喜びで、母に報告したものだった。

タバコをよく吸っていた建治さん。五十代から二回脳梗塞で倒れた。体の自由が利かなくなり、めっきり口数も少なくなってしまった。

病気で食べ物を飲み込む事が出来なくなった建治さん。しかし、チューブを刺す事は断固拒否。「俺は食うんだ！」と言って、結局普通にご飯を食べられるようになった。美名さんが見た「職人の意思」の力だった。

建治さんの楽しみはテレビを見ることだった。相撲中継や水戸黄門、家族に乾杯などが好きな番組で、孫がチャンネルを変えようとすると怒られたものだった。

美名さんはテレビを見ながら笑っている穏やかな父を、「ああ、お父さんも笑うんだ……」としみじみと見ていた。美名さんの記憶に残るやさしい父の姿だ。

晴子さんは建治さんとは逆に、美名さんとずっと一緒だった。とにかく、自分はそっちのけで人の為に動く人だった。また、子供や孫を何よりも大切に考える人だった。

美名さんは晴子さんがいつか言った「あなたを産んで良かった……」という言葉が忘れられない。四人兄弟だった美名さん。長女と次女が幼くして他界し、晴子さんには子供を産んで育てる苦痛のようなものがあったのではないか、と美名さんは言う。

幸い、美名さんは健康に育ち、結婚し、かわいい孫が二人も出来た。晴子さんは何よりそれが嬉しかった。そんな気持ちが込められた言葉だったのではないか。

美名さんは、いつだったか母の「老後ノート」を見た事がある。そこには、お花をやったり習字を習ったりという晴子さんの計画が書かれていた。それが、大好きな孫の子守りで台無しになってしまった。これに関しては、晴子さんも本望だったと思う。

美名さんは、今年、大曲の花火を両親に見せようと、二年前から準備してきた。娘らしい親孝行をやっと出来ると思った矢先の地震と津波だった。


三月十一日、美名さんは仕事だった。職場は高台にあって無事だった。

家は津波に流され、ひしゃげた形になって見つかった。その中に建治さんと晴子さんがいた。建治さんは炬燵に入って、まるで仏様のような顔だった。

晴子さんは、保育園の孫を迎えに行かなければ、という思いがそうさせたのだろう、無念の顔をしていた。孫は保育園の先生が誘導してくれて無事だった。

足が不自由だった建治さん、逃げることは出来なかった。その建治さんを置いて逃げる晴子さんではなかった。「仕方なかったんだよね……」美名さんは小さく言った。

三月三十一日に二人は発見された。その三日前、美名さんは不思議な夢を見た。

建治さんと晴子さんがニコニコ笑いながら「ごめんよ、一関に行ってたんだ……」と言う。「なんであたしがこんなに捜しているのに、ふたりで笑ってるの！」夢の中で思わず叫んだ。

その三日後、建治さんと晴子さんが発見された。

病気で動けない父。そんな父を、ああだこうだ言いながら見守り、一緒にテレビを見ながら笑っていた母。ふたりは最後まで一緒だった。

美名さんにおくる、頑固な父とやさしい母、じぃじとばぁばの記録。

建治さんと晴子さんのご冥福をお祈り致します。

六月十三日の面影画は内舘幸子さん

描いた人　内舘　稔さん　七十九歳　夫

稔さんは気仙大工だった。努力家で勉強家、若干二十五歳で一級建築士の免許を取るくらい優秀だった。しかし、性格が温厚でおとなしい稔さんは、年上の人に仕事を指示したり指導したりするのが苦手だった。

どんどん前に出る人であったなら、別の人生もあったのだろうが、稔さんは、こつこつと好きな、凝った仕事をやるタイプだった。一級建築士の免許を持っていることすら公表しようとしないような人だった。

おじさんが北海道で会社をやっていて、そこでずっと働いていた。

幸子さんによると、結婚はおばあちゃんの政略結婚だったのだという。そのへんの複雑な事情は部外者にはわからない。

ともあれ、幸子さんと結婚した稔さん。子供が生まれたのをきっかけに、おじさんの会社を辞めて東京の会社に勤めるようになった。幸子さんも一緒に家族で東京に行った。

幸子さんは、都内の病院に働き口を見つけて働いていた。

忙しい稔さんだったが、休みの日には幸子さんと一緒に、大好きな歴史関係の資料館や博物館や史跡を見るのを楽しみにしていた。

東京で定年退職を迎えた稔さん。ある日、ふと歩いていたお寺の前で、何かに吸い寄せられるように門に入っていった。そして口から出た言葉「何か手伝える事はないですか？」

東京、新宿、大龍寺……ちょうど人手が足りなくて募集しようとしていたところだった。

仏様の声に導かれたとしか言いようがないと、稔さんは幸子さんに後で言った。

歴史関係に詳しかった稔さん、宗教関係にも造詣が深く、すぐにお寺の仕事に溶け込んだ。檀家さんから信頼され、頼りにされるようになるまで時間はかからなかった。

そして、ここで七年間ほど勤めた。

二人が高田に帰ってきたのは、八年前におじいちゃんが亡くなったからだった。

やっと、生まれ故郷に帰った二人だった。子供の頃から地震や津波について教えられ、そんな時はどう行動するか、二人で話し合っていた。

とにかく、一番近い避難所に身を置いて、落ち着いたら幸子さんの職場が高台にあるので、そこで会おうということにしていた。

仏様の近くに身を置き、何か感じるものがあったのだろうか、稔さんは地震の一週間前に仙台の息子に電話している。「おやじから電話があったけど、何かあったのかい？」と息子から幸子さんに電話が入った。稔さんは「いや、声が聞きたかっただけなんだ」と言う。

地震の二日前には実家に寄っている。普段はそんな事はしないのに……

そして、三月十一日。幸子さんの職場は高台にあったので無事だった。稔さんは家ごと流されて行方不明になってしまった。

宮古の娘の家は海岸の近くだった。家ごと津波をかぶった。娘は、ヘドロまみれになりながら引き波の時に車から飛び出して、孫の手を引いてヘドロの中を走って高台に逃げた。孫は長靴をヘドロにとられ裸足になってしまい「痛い、痛い」と言う。

娘と孫は津波の第二波から無事に逃げ切った。その時孫が言った言葉「痛いよお。だって、おじいちゃんが逃げろ逃げろ！って背中をズンズン押すんだもん……」

稔さんは自分の事よりも孫のことが第一だった。魂は確実に孫を助けに向かっていた。

幸子さんの職場は被災者がたくさん集まり、避難所になっていた。目が回るような忙しさだった。喧噪が一段落して、幸子さんは稔さんを捜す。捜しても捜しても見つからなかった。

遺体安置所の遺体は損傷が激しく、外見を見ただけではわからなかった。幸子さんは爪の形と手や足の大きさで捜していた。

気になる遺体があった。息子は「違うよ」と言うが、どうしても気になって、警察の人にＤＮＡ鑑定をお願いした。結果は四日後に出た。間違いなく稔さんだった。

不思議だよね、あの時「ＤＮＡで……」って言わなかったら会えていないんだよね。稔さんが呼んでいたとしか言いようがない。

幸子さんはまだ津波のショックや、稔さんを亡くしたことが自分で消化出来ていない。一度、東京の友達の所に行って、思い切り泣いたらいいのかもしれないと言う。

そうかもしれない。避難所で「私より大変な人がたくさんいるんだから、弱音を吐いちゃいけない……」と自分に言い聞かせてきた。気が張っている間は大丈夫だが、ふと、この先を考えた時、稔さんがいないことに気づく。

失ったものの大きさが、その時わかる。

幸子さん、泣いていいんです。幸子さんは被災したんです。大声で泣いていいんです。そして、泣き終わったら、稔さんを弔いましょう。

幸子さんが稔さんを想って作ったうた一首

思わじと思えどなおも思われていまだまぶたに涙とどむる　幸女

幸子さんにおくる、いつも笑顔だったご主人の記録。

稔さんのご冥福をお祈り致します。

六月十四日の面影画は佐々木勤子《いそこ》さん

描いた人　佐々木一男さん　八十二歳　義父
　　　　　佐々木シゲヨさん　七十四歳　義母

勤子さんはご主人のご両親と二世帯住宅に住んでいた。

二世帯住宅といっても二棟の家をドア一つで行き来出来るようにした二世帯住宅で、お互いのプライバシーは完全に守られていた。

孫の世話をしたいご両親と、仕事で家を空けることの多かった勤子さんの双方が満足出来る理想的なスタイルだった。生活時間の違う両家の間を、若菜ちゃんと塁君はドア一つでどちらにも行き来して生活していた。

一男さんは若い頃から職人で、この地方に多い出稼ぎ職人として左官などの仕事をしていた。一男さんは体があまり丈夫ではなかった。東京で働いている時に具合が悪くなったことがあり、息子の敏行さんが迎えに行ったようなこともあった。

何度も死にそうになったが、弱いなりに体を養生し、最後まで食事も出来たし、トイレも自分で行っていた。

シゲヨさんは料理上手だった。お弁当屋さんとかおそば屋さんで働いていたこともあるが、魚料理や蕎麦などは本当に美味しかった。特に魚料理はシゲヨさんの得意料理だった。

甲状腺を患ってから太ってしまったが、血圧が高いくらいで、体は丈夫だった。家族で温泉旅行に行くときもシゲヨさんは一緒に行く事が多かった。一男さんは車酔いをするので、一緒に出かける事は少なかった。

二世帯住宅に住む事は二人にとって、とても良い作用をした。一男さんは体調がすぐれないと、すぐ寝てしまい、一時は寝たきりのような状態になったことがあった。デイサービスに通うようになって動くようになったが、二世帯住宅で孫と暮らすようになって激変した。

娘の若菜ちゃんが生まれると、シゲヨさんは忙しくなった。両親がいないときは、もっぱらシゲヨさんが若菜ちゃんの相手をした。若菜ちゃんもおばあちゃん子で、何でも一緒にやりたがった。シゲヨさんは手塩にかけて若菜ちゃんを育てた。

一男さんも塁君の野球の相手をしたりして、二人にとって二世帯住宅での暮らしは、孫との暮らしでもあった。孫のスケジュールをもとに生活のサイクルが回っていた。

一緒に住む事に決めた敏行さんは勤子さんに「わっかには感謝してるよ、わっかのおかげでみんなが和気あいあいで暮らせたからね……」と言ったことがある。勤子さんもそう思った。

三月十一日、大きな地震だった。一男さんとシゲヨさんは家の塀が隣の家に倒れてしまったのを片付けようとしていた。近所の人が「そんな事をしないで、早く逃げろ」と言って、車で子供を助けに走って行った。その後も二人はまだ家にいた。

あとで二人を見たという人がいた。シゲヨさんは庭で隣の人と、お互いの被害状況を比べ合っていたという。一男さんは家の中にいた。その人も「そんな事やってないで、逃げない！」と叫んだという。

家は川のすぐ近くだった。そこに想像を絶する津波が襲った。川沿いには鉄砲水のような津波が来た。あっという間に、家も車も何もかも流された。

一男さんが発見されたのは高田小学校だった。そこは津波が渦を巻いていたところだった。たぶん、家と一緒に流されたのだろうと勤子さんは言う。

一方、シゲヨさんの行方は知れない。川を襲った鉄砲水のような津波が引き波となって、海に流されたのではないかと勤子さんは思っている。

「おばあちゃんは、新しく買った車をすごく気にしていたので、たぶん車を守ろうとして車の近くにいたんじゃないかって思うんですよ……」息子の敏行さんがスポーツ少年団の野球で、孫たちを乗せる為に買った車だった。納車されたばかりだった。津波は何もかも流してしまった。

勤子さんは捜しに捜したが、行方は知れない。

まだ、一男さんが見つかる前だった、勤子さんは何度もおじいちゃんとおばあちゃんの夢を見た。二人はニコニコ笑いながら、いつもの家で普通に暮らしていた。

「なんでこんなに捜しているのに、生きてるなら会いに来てよ！」叫んだ自分の声で目が覚めた。

「見つけて欲しかったんだよね、きっと……」

「わっかの花嫁姿を見たかったろうに、きっと三人で上からこっちを見てるんだよね……」天国で、いつも見てるよって言ってるような気がする。

勤子さんにおくる、一緒に暮らしたおじいちゃん、おばあちゃんの記録。

一男さんとシゲヨさんのご冥福をお祈りいたします。

六月十六日の面影画は佐々木伸枝さん

描いた人、佐々木治弥《はるや》さん　八十歳　父
トム　シャム猫
佐々木トモさん　七十九歳　母
アル　キャバリア

治弥さんは七年前に亡くなっていた。今年ちょうど七回忌だった。

津波で何もかも流されてしまい、父の七回忌の遺影をと、伸枝さんは面影画に申し込んだ。

治弥さんは建築士だった。市役所の建設課で働いていた。仕事は寡黙にやるタイプで、堅実だった。

趣味が多い人で、音楽はクラシックしか聞かなかった。伸枝さんは子供の頃、父の部屋にアンプがいっぱいあって、何だか知らない機械がたくさんあったことを覚えている。

八十歳を過ぎてから独学でパソコンをマスターするような人だった。

ひとの悪口をいうようなことはなく、もの静かで人と争うようなことのない人だった。とても前向きな人で、仲枝さんがけんかした時なんかも、いつも「そんなマイナスなことを考えないで、前に向かっていかないと……」と諭された。

マイナス思考はそちらに引きずられる……というのが持論だった。何でもプラスに考えて生きて来た人だった。仲枝さんもその影響を大きく受けている。

賭け事も大好きだった。特に競馬。馬券を買うのもそうだったが、治弥さんは分析したり予想したりするのが好きだった。将棋や麻雀もやった。賭け事のことでは、母ともめたこともあるが、理論的で物静かな人だった。

治弥さんが体調を崩す前のことだった。母のトモさんが認知症になってしまった。治弥さんはそれにショックを受け、かいがいしく介護をした。十歳近く離れている若い母を必死で介護する父の姿は本当に真剣だった。

治弥さんが体調を崩した時に一番心配したのは母のことだった。母の今後の生活が一番気がかりだった。

治弥さんは血液の癌と言われるような難病にかかっていた。血漿板がなくなってしまう病気だった。しばらく入院生活をしたあと、許可が出て退院することになった。元気な状態で病院を退院して、自宅に帰ってから容態が急変して亡くなった。

認知症の母の事と、やはり病気と闘っていた飼い猫のトムのことを心配していた。

治弥さんの思いは「ママ、ノブ、トム、みんな一生懸命生きて欲しい……」というものだった。

三月十一日、いつも介護施設に通っている母は、休みで家にいた。仲枝さんは高田の松原にアルと散歩に行くのが日課だった。この日は家の周りをアルと散歩していた。

その時、大きな地震が来た。あわてて家に帰って見たが、特に大きな被害はなかった。そう、どの家も地震の被害自体は少なかったのだ。

仲枝さんは母を車に乗せてアルと一緒に、いつも世話になっている介護施設に向かった。この地震で人が大勢動くようなことになると、車イスの母が一緒だと大変だから、という理由からだった。施設には大勢の人が集まって、みんな口々に色々な話をしていた。

母を預けた仲枝さんは、家に帰って荷物を持って来なければ……と、ふと下を見たら、そこに津波の水が来ていた。一瞬、何が起きたのかわからなかったという。

目の前に広がっていた街がなくなっていたという。こんな時にもまだ頭の中では「自分の家はどうやったら帰れるんだろう……」と考えていたという。自分の家よりもはるかに高い場所の家までもが流されているのに、そんな事を考えていた。本当に、目の前で起きていることが実感出来なかった。

その日の夕方、みんな青い顔をして途方にくれていた。仲枝さんはその日から三日目くらいまで、記憶がはっきりしないという。あまりに理解不能な、あまりに理不尽なことだった。現実と理解するには三日以上かかった。

五日間、外との情報は遮断された。何が起きたのかもわからず、電気も水もなく、ただじっと震えているだけだった。

あの時、母を預けにいかなくちゃ、と思わなければ今ここにはいない。地区の避難所だった公民館は全部流されてしまった。近所の人たちはみんな……

避難所には様々な人が集まった。家族を亡くした人、津波に追われて逃げた人、目の前で知人が津波に流された人………仲枝さんは「自分は家族が無事で、家が流されただけだから……」と多くを語らない。間違いなく被災しているのに、その事を話そうとしない。

避難所では、お互いに当たり障りのない話題に終始する。相手がどんな痛みを持っているのか知らないと、それ以上の話が出来ない。

伸枝さんは「これから二次災害が出るような気がする……」と言う。自分は前向きに生きようと思うけど、絶望している人だっている。自分は認知症の母とアルを守らなければという思いで、前向きに生きると決めているけど、そうでない人だっている。仮設住宅に入ってからの方がその問題は大きくなるだろうという。本当にそう思う。仮設住宅に入ってからの方が、厳しい現実と向き合わなければならなくなる。いろいろ話してくれた伸枝さんにおくる、前向きなお父さんの記録。

六月十八日の面影画は小鎚知子さん

描いたペットの猫　チョロ　十歳　メス
　　　　　　　　　ハジメ（ハジ君）　五歳
　　　　　　　　　ココ　三歳　オス

猫が大好きな知子さん。家にはいつも猫がいた。様々な理由で、猫が好きな知子さんのところにはいろいろな猫が集まってきた。多い時には十五匹くらいの猫がいたことがある。

昨年、気仙町でパルボウイルスによる猫の病気が流行したことがある。命にかかわる病気で、一歳から三歳くらいの猫が次々に死んでいた。

五年前、知子さんの家でもパルボウイルスによって、十五匹いた猫が七匹死んで、八匹になってしまった事があった。同じトイレを使う事で病気がうつると言われていた。

地震と津波が来る前、知子さんの家には六匹の猫がいた。

三月十一日、大きな地震だった。「津波が来るから逃げろ！」口々に言いながら人々が避難して行く。知子さんは声を限りに猫達の名前を呼ぶ。知子さんの声を聞いて、六匹のうち三匹が出て来た。タンスなどが倒れていて、猫もおびえている。

知子さんは三匹を持って逃げた。その後に津波が来て家が流された。チョロとハジメとココが行方知れずになってしまった。三匹とも、いつも外で遊んでいる猫だった。

チョロは十歳になるメス猫だった。知子さんの長男が高校の同級生の家からもらってきた。電車で運んで来て、家に隠しておいたのを知子さんが見つけた。パルボウイルスが発生した時、チョロは外に出ている猫だったので助かった。

「あの時は無事だったのに、今度はねえ……何で……」知子さんの目から涙がこぼれた。

ハジメはみんなにハジ君と呼ばれていた。オスで五歳になる。家にご飯を食べにくる野良猫がいた。メス猫で、その野良猫の子供の子供がハジメだった。いつの間にか知子さんの部屋で産まれていた。家で初めて産まれた猫だったので「ハジメ」と名付けた。

知子さんの家のパルボウイルスを一番先に発症したのがハジメの母猫だった。「たぶん、ハジ君の親が一番先に死んだから、あの猫が持って来たんじゃないかと思うんだよね……」

ハジメが三ヶ月の時だった。たぶんダメだろうと思ったハジメは、ウイルスに勝ち、大きく育った。「強い子だったんですよ……」また、知子さんの目から涙が流れる。

ココは三歳のオス猫だ。娘が会社から持って来た。同僚が家で飼うことにした猫だったのだが、その家で飼う事に反対する人がいて、会社に置きっぱなしになっていた。

「かわいそうだから……」と家に子猫を持って来た娘に知子さんは何も言えなかった。

昨夜、知子さんは新潟のボランティアペットショップに預けていた猫三匹を引き取りに行って来た。地震の後、三匹を預けておいた。「顔を忘れられているかと思ったけど、大丈夫だった。嬉しかった……」「夕べは鳴いて大変だったの……」

七時間かけて新潟から引き取ってきた。これから仮設住宅で一緒に暮らすことになる。三匹の面影画がその傍らに置かれれば嬉しい。

今回の地震と津波でどれだけのペットが犠牲になったか……その喪失の大きさは、想像するに余りある。

知子さんにおくる、かわいかった三匹の猫の記録。

チョロとハジメとココのご冥福をお祈り致します。

六月十九日の面影画は古澤弥代子《やよこ》さん

描いた人　飯塚泰子《やすこ》さん　八十四歳　母

泰子さんは何でもやる人だった。新聞やインターネットに載っていることを、次から次にやってみる人だった。そう、八十歳を過ぎてからパソコンに挑戦し、今ではインターネットを自由に使いこなしていた。何でも挑戦する人だった。

人付き合いが良く、誰にでも慕われ、ひとり住まいの家は「飯塚喫茶」と呼ばれて、いつも人が集まるたまり場になっていた。シニアランド、お年寄りの間で人気者だった。

泰子さんは、弥代子《やよこ》さんに、テレビで見た昔の服をリフォームするお店をやらせようとしていたが、今度の事でそれはかなわなくなった。

父は役場の課長だった。そのころの部下が定年になってからも「課長いるかい?」と言って遊びにくるような家だった。とにかくいつも人が集まる家だった。

泰子さんは高田でいろいろな商売をやった。高田せんべいを最初に作ったのも泰子さんだった。お茶屋さんをやったり、食品店をやったり、下宿屋をやったりもした。当時、下宿していた銀行の人だとか学校の先生だとか、今でも手紙が来たり、挨拶に来たりする。

まあ、そんな関係で知り合いがとにかく多かった。

下宿屋などは、仕事というよりもボランティアのようなものだった。ボランティアと言えば、弥代子さんには忘れられない思い出がある。

チリ地震の津波が来たときだった。弥代子さんとお母さんは一週間という長い間、おにぎりを役所の父の職場の職員全員に差し入れした。個人でそれだけの事を普通にやる母だった。

弥代子さんは四人姉妹の長女だった。母の泰子さんとは十九歳しか違わず、一緒に歩いていると、よく姉妹に間違えられた。顔も性格も似ている。「私が母の性格を一番濃く引き継いでいるんです……、今でも市の広報なんかで何か教える教室なんかがあると、つい挑戦しちゃうんですよ……似てますよね……」と笑う。

泰子さんは俳句をやっていた。東海新報の俳句欄に泰子さんの俳句が載っている。

「松風句会・一月」　セーターを少し派手目の八十路かな　　飯塚泰子

この句を絵に描き入れようと思う。

三月十一日、泰子さんは家にいた。和光堂の孫が心配して迎えに来た。「妹と一緒に逃げるから、お前は早く逃げ！」と家で妹を待っていた。孫は無事に逃げたが泰子さんは……

車はNTTの裏で見つかった。泰子さんと妹の遺体は損傷が激しく、最終的にはDNA検査で確認された。何度も見ていた遺体だったが、外見ではまったくわからなかった。

車の中の泥をかき出したら、バッグが出て来た。二人は車で逃げようとして走っている所を津波に襲われたのだろうと、弥代子さんは言う。

「車から放り出されちゃったんだろうね……」遺体は二人ともかなり離れた場所で見つかった。確認後、すぐに火葬した。警察の鑑識ノートには、ネックレスを右手にしっかり握っていたと書かれていた。

孫が「おばあちゃん、健康に……」と贈った磁気ネックレスだった。

弥代子さんにおくる、多くを引き継いだお母さんの記録。

泰子さんのご冥福をお祈り致します。

六月二十日の面影画は村上あけみさん

描いた人　菅原昭雄《てるお》さん　七十五歳　父

菅原　香《きょう》さん　七十九歳　母

昭雄さんは市役所で四十年以上を定年まで勤め上げ、悠々自適の生活だった。このごろは体調を崩す事が多くなり、寝込む事も多くなってきた。

無口で穏やかで、いつもニコニコしている人だった。やさしい父で、あけみさんは一度も怒られたことがない。最近では、茜色のちゃんちゃんこを着て、テレビをニコニコ見ている姿を印象的に思い出す。

持参してもらった写真には、運動会で孫の活躍を見守る昭雄さんの、やさしい笑顔が写っていた。そのやさしい眼差しは娘や孫にいつも注がれていた。

香さんは菅原家の長女として生まれた。この地方の名家だ。長女なので婿を取ることになり、昭雄さんと結婚した。

香さんの背中には、常に「本家」を背負っていなければならなかった。本家の長女という立ち位置から、どうしても香さんはみんなに頼られる。何もかも自分で判断するような立場に生まれたことを、恨む訳でもなく、淡々とその役をこなしていた。

そんな香さんは、周囲から「強い人」「しっかりした人」と言われていた。本人も否定はしないが、娘のあけみさんの前ではまったく違う一面を見せていた。

エンジや赤の割烹着で台所に立つ姿が忘れられないという。煮物が得意だった香さん、お弁当によく持たせてくれた。

なべやき（ホットケーキ）やおまんじゅうを作っておやつに食べさせてくれた。

最近では、畑での野菜作り、家の仕事、父の介護と本当に忙しい香さんだった。そんな母の姿を子供たちに見せてやっていた。

昭雄さんも香さんも孫を可愛がった。長男を「まっこ」、次男を「とも」と呼んでいつも気にかけてくれた。もちろん、よく小遣いもやっていた。

昭雄さんは二人の孫に「しっかり勉強して大学に入りなさい」と言う。

昭雄さんも香さんも、孫のことはいつも気にかけていた。

三月十一日、二人は津波に流された。あけみさんは別の家なので事情は知る由もないが、兄の話によると、昭雄さんは当時体の自由が利かなかったので、たぶんベッドで寝ていたのだろうという。香さんは、その時間は台所に立っていたのだろうという。

体の不自由な昭雄さんを置いて逃げる香さんではなかった。周囲がいくら「逃げろ！」と叫んでも、二人はずっと一緒だった。

昭雄さんの遺体は隣町まで流されて見つかったという。香さんは行方不明のままだ。

先日、陸前高田市では合同慰霊祭が開催され、百か日法要が営まれた。悲しみを現実に置き換えて、前に進まなければならない日とされる。こころの痛みは消えないけれど、故人の思い出を胸に、あけみさんは新しい一歩を踏み出さなければならない。

面影画が少しでも気持ちの整理に役立ってくれれば嬉しい。

あけみさんにおくる、やさしいお父さんとお母さんの記録。

昭雄さんと香さんのご冥福をお祈り致します。

六月二十一日の面影画は伊藤沙耶香さん

描いた人　尾崎道雄さん　七十五歳　おじさん
　　　　　尾崎昭子《あきこ》さん　七十三歳　おばさん

沙耶香さんのリクエストはちょっと難しかった。おじさん、おばさんには一人娘がいる。その一人娘に差し上げたいので、その人向けに描いてくれというもの。

コメント部分をその人向けに書くということになる。本人に会っていない状態で、果たしてそれが出来るかどうか、難しいリクエストだったが、やってみることにした。

道雄さんと昭子さんは長い間大船渡で「魚道《うおみち》」という鮮魚店を営んでいた。真面目な道雄さんの商売は近所にも評判が良く、長く続いた魚屋さんだった。

道雄さんはおおらかでやさしい人だった。魚も好きだったが、花も大好きだった。仕事の習い性で早く起きることは普通だった。朝早いうちから植木に水をやったり、剪定したりするのが日課のようなものだった。

昭子さんは強い人だった。きれい好きで、掃除なども徹底していた。あそこが汚れてる、ここが汚れてるなどと、いつも動き回っていた。

夫婦仲は良かったが、たまにけんかした。けんかといっても昭子さんが一方的に怒り、道雄さんが「はいはい……」と言って収まるのが常だった。

昭子さんも花が大好きで、その点は二人とも一致していた。庭には季節の花が咲き乱れ、きれいな花を手入れする二人の姿があった。

道雄さんに癌が見つかり、治療をしながら鮮魚店を営業していたが、体調が思わしくなくなり、娘と一緒に暮らそうということで、二年前から高田に移り住んだ。

ちょうど同じ時期だった。昭子さんが認知症になってしまった。何もかもきっちりやる真面目な人だったから、進行が早かった。そんなこともあって高田で娘と暮らすようになった。

三月十一日、道雄さんと昭子さんは米崎町の家にいた。最初は大きな地震だった。家の家具が倒れ、様々なものが散乱した。道雄さんと昭子さんはそれを片付けていた。

沙耶香さんのおじいさんがそこに車で通りかかった。「津波が来るから逃げろよ！」と叫んだという。津波はすぐそこまで来ていた。

状況は切羽詰まっていた。おじいさんはぎりぎりで逃げ切ったが、道雄さんと昭子さんは津波に呑まれた。「耳が遠かったから聞こえなかったのかも知れん……」おじいさんが言っていた。まさか、あんなに大きな津波が襲って来るとは誰も想像していなかった。

地震で散乱した家の中を片付けているところを津波が襲う。どれだけの人が犠牲になったことか……

昭子さんの遺体は発見されたが、道雄さんはいまだに見つかっていない。

娘さんにおくる、花が大好きだったご両親の記録。

道雄さんと昭子さんのご冥福をお祈りいたします。

六月二十三日の面影画は伊藤ひろみさん

描いた人　中山信夫さん　七十八歳　父

中山春子さん　七十六歳　母

ひろみさんの家は津波で流されてしまった。ひろみさんには何としても捜したい写真があった。一昨年の春、四月末に父と母が金婚式の正装をして、満開のシャクナゲの前で撮った写真だ。後にも先にも父と母が並んで、しかも正装して撮った写真はそれ一枚だけだった。

何度も捜しに行ったが、何も見つからなかった。

今回、ひろみさんのお父さんと愛犬マックスの面影画を描かせていただいた。ひろみさんはその直後に「満開のシャクナゲの前で両親が並んでいるところを描いていただけませんか?」と言って来た。これも面影画の範疇だろうと思い、引き受け、今日の制作になった。

春子さんは今避難所に身を寄せていて、ひろみさんと一緒に生活している。

そんなお母さんを元気づけようと、この面影画を思いついたとのこと。


信夫さんは左官として北海道に出稼ぎに行っている時に、春子さんと知り合い、結婚した。

「たぶん、式は挙げてないいんじゃないのかな?……」とひろみさん。

ひろみさんのお姉さんが産まれた時に、北海道から高田にやってきて、以後、高田で暮らすようになった。出稼ぎの関係からか、ここ高田周辺には意外と北海道出身の人が多い。

信夫さんは長男で、後妻の子だった。そんな訳で父親の歳が離れていた。下の弟の学費を稼ぐのも信夫さんの仕事だった。信夫さん二十四歳の時、下の弟はまだ十一歳だった。

チリ沖地震の時から高田に住むようになった春子さん。一年くらい北海道に出稼ぎに行ったこともある。そして、最後まで北海道弁が抜けなかった。北海道の人というと比較的のんびりしておおらかな印象があるが、春子さんはちゃきちゃきの道産子だった。強い人だった。

嫁、姑の問題もあったし、信夫さんと大げんかすることもあった。けんかの後はお互いに愚痴をこぼす。そんな時決まって出るせりふが「よく五十年も持ったよなあ……」という言葉だった。

結婚して五十年。一昨年、陸前高田市が招待して合同の金婚式が行われた。四月下旬、庭のシャクナゲが満開だった。

この地区には「お花見」と称して四月二十九日に公民館で女の人だけの寄り合いがある。近所の氏神様を一周して公民館に行くのだが、ひろみさんの家の前で必ず立ち止まり「毎年、ここのシャクナゲはきれいだねえ……」と口々にほめるのが常だった。

その、満開のシャクナゲの前で正装した信夫さんと春子さんが並んで一枚の写真を撮った。金婚式を祝う写真だった。

もう二人で並んで写真を撮る事はできない。せめて絵の中で二人を、満開のシャクナゲに包まれるように描いてあげたい。

この面影画が少しでも春子さんのやすらぎになれば嬉しい。

ひろみさんにおくる、金婚式のご両親の写真に代わる面影画。

六月二十四日の面影画は千葉ミヤ子さん

描いた人　村上静一さん　五十五歳　弟
　スミレ・クロ　猫

静一さんはミヤ子さんにとって自慢の弟だった。

幼くして小児麻痺にかかり、不自由な体でありながら、勉学に励み、医師を目指した弟。

東北大学に合格して、一度は歯科医の勉強をしたが、やはり内科医がいいと、浪人して岩手医科大学で勉強し直した弟。

大学を卒業し晴れて医師となり、県立病院などの勤務を転々と勤め上げ、やはり開業医がいいと、故郷の高田で開業した弟。開業にはミヤ子さんの家でも援助を惜しまなかった。

「本当に高田の人たちにはお世話になったの。こんな事が起きて、これから医者として高田の人たちに恩返しが出来たんだろうけど……」ミヤ子さんの目に涙が浮かぶ。

家は盛岡で、奥さんやお子さんも盛岡にいる。週末に家族が高田に来て、洗濯をしたり、家事をして、また盛岡に帰る。単身赴任のような開業医だった。医院の名前は「大町クリニック」という。猫二匹と同居していた。猫の名前はスミレとクロ。親子猫だった。

静一さんは猫が大好きだった。一人暮らしの寂しさや疲れを癒すには最高のパートナーだった。三百六十五日一緒だったから、家族だし親友でもあった。

子供のころ、義兄がよく言っていた。「ペットを愛する心は人類愛につながるんだ……」そんな言葉を聞いて育ったミヤ子さんと静一さんは、貧しかったけれど、前を向いて生きて来た。

静一さんは料理が好きで、料理上手でもあった。いつだったか、生タラの塩煮を作ったことがあった。この味が、母ちゃんと同じ味だった。これにはミヤ子さんも脱帽した。医院の書棚にも、料理本が十冊以上残されていた。よく一緒に料理を作ったものだった。

三月十一日。静一さんは診察を終えたところだった。そこに地震が来た。津波が来るからとスタッフ八人を裏の本丸公園に逃げるよう指示する。

小児麻痺の後遺症で機敏に動けない静一さんを看護師たちが気遣う。しかし、その時静一さんは「家に猫がいる」と言い残し、医院に戻っていった。自分の事より猫が心配だった。

そこに巨大な津波が襲った。あれほど大きな津波が来るとは誰も思っていなかった。本丸公園に逃げた八人のスタッフは全員無事だった。

静一さんは高田の松原の野球場の瓦礫下から発見された。スミレとクロは医院の押し入れから見つかった。静一さんは荼毘に付され、弔いは終わったが、ミヤ子さんには何もなかった。盛岡に妻子がいて、仏壇もそちらにある。それは仕方のないことだった。

せめて、高田が大好きだった弟と猫二匹を一緒に描いてもらい、毎日それに手を合わせたいのだと、面影画に申し込んだ。

「先生がね、こうやってスミレを抱いているところを描いてほしいの……だって、可哀想でしょ、最後は一緒にいたかったんだから……」

いつも白衣できちんと仕事をこなし、その後はTシャツやパジャマに着替えて、猫と遊ぶ弟だった。そんな雰囲気の絵にしようと話し合った。

「本当に猫が好きだったの。最後も猫のことで死んでしまうんだからねえ……」

この絵がミヤ子さんに、少しでもやすらぎを与えてくれれば嬉しい。

ミヤ子さんにおくる、自慢の立派な弟の記録。

静一さんのご冥福をお祈り致します。

六月二十五日の面影画は成田勝子さん

描いた人　成田八重子さん　六十五歳　母
　　　　　成田優子さん　　三十六歳　妹

八重子さんは十一人兄弟だった。十一人のうち女が九人で、八重子さんは七女だった。大家族で育った八重子さん、さっぱりした、物怖じしない、細かい事を気にしないマイペースな人だった。

五年前にご主人を病気で亡くし、高田市内に娘二人と暮らしていた。線路際の家は日当りが良く、小さい庭で花を育てるのが好きだった。娘達が猫や犬を飼いたいと言っても「ペットが死ぬのを見るのは嫌だ……」と言って許してくれなかった。

専業主婦で、自転車でスーパーなどの買い物に出歩く毎日だった。娘二人のお弁当作りや身の回りの世話が忙しいくらいだった。

料理上手で、特にポテトサラダやおから料理などが得意だった。娘二人は、そんな母の料理にぞっこんで、お弁当は毎日八重子さんが作っていた。

八重子さんの兄弟は数が多いが、みんな高田市内に住んでいて、何かあるとすぐに集まる兄弟だった。それぞれの子供の結婚式とかになると、本当に大勢の親族が集まり、ちょっとした親族会のようになった。

末娘だった津田照子さんが「うちの主人は結婚式とかなにかっていうと、いつも末席になってしまうんで、何かあれだよね……っていつも言ってたんですよ。」と笑う。

それはそうだ、十一人にそれぞれ連れ合いがいて、それが一列に並ぶ訳だから。末席は主席からずいぶん遠くなる。私も九人兄弟だから、その辺のニュアンスはよくわかる。

子供らだけで二十六人、孫を数えると何人になるか。「名前と歳が覚えられなくて困る」と照子さんが笑う。

優子さんは勝子さんと六つ違いの妹だ。高校を出て三年間、埼玉の会社に勤めていたが、その後、高田に帰って来た。埼玉の会社に勤めていたころ、当時さほど強くなかった「浦和レッズ」のサポーターをやっていた。駒場スタジアムに足しげく通い、声を枯らして応援していた。浦和レッズの試合の結果をいつも気にしていたという。

優子さんは高田に帰って来てからは「よさこい」のチームに入り、何年間か活動していた。

優子さんは勝子さんに言わせると「お母さんべったりなんですよ……」とのこと。何から何まで母の八重子さんにやってもらっていた。お弁当作りも、洗濯も、掃除さえも。「私だって、掃除、洗濯くらいはしましたからね～」と勝子さん。いつも一緒で、八重子さんとまるで姉妹かなんかのように甘えていた優子さん。

三月十一日、八重子さんは親戚の選挙事務所に手伝いに行っていた。そこに地震が来た。あわてて家に帰る八重子さん。その途中で近所の人と立ち話をしている所を目撃されている。

一方、優子さんは会社にいた。会社の同僚と別れ、一目散に家に戻ったという。母が心配だった。しかし、その後の巨大津波で全てが流されてしまい、優子さんが八重子さんと一緒だったのかどうか、誰にもわからない。

優子さんは会社の名札を胸に付けて見つかった。きれいな顔のままだった。

八重子さんは、いまだに行方がわからない……。

ここ、高田だけで、まだ六百人以上の人の行方がわからない。

照子さんによると「近所の人が海の中で見つかったんで……もしかしたら……」引き波がすべてを海に引いて行ってしまったのかもしれない。

勝子さんのリクエストは、母と妹が並んで微笑んでいるところを描いて欲しいというものだった。優子さんには浦和レッズのユニフォームを着せてやることで了解をもらった。

仲良しだったふたりの面影画が、勝子さんの心を少しでも安らかにしてくれれば嬉しい。

勝子さんにおくる、仲良しだったお母さんと妹さんの記録。

八重子さんと優子さんのご冥福をお祈り致します。

六月二十七日の面影画は鶴島《つしま》道子さん

描いた人　鶴島　清さん　五十七歳　夫

道子さんと清さんが知り合ったのは仙台の東北学院大学だった。大学でお互いを見初め、愛を深め、二十五歳の時に結婚した。宮城県築館出身の清さんだったが、道子さんの家の事情をくみ、婿入りすることに同意してくれた。

道子さんは懐かしそうに言う「私より高田の事が大好きだったの……」

コーヒーとタバコが大好きだった清さん。道子さんがある時冗談に「ねえ、私とタバコのどっちが好きなの？」と聞いたら「タバコだなあ……」とすぐに返事が返ってきた。まあ、そのくらいタバコが好きな人だった。

いつもニコニコしていて、周りをあたたかくする、空気のような人でもあった。

清さんは昼間は洋品店の店長で、夜はラーメン屋のマスターという二足のわらじを履いて十五年間という長い間働いてきた。

自分でやりたいと言って始めたラーメン屋で、ダシや麺にこだわったラーメンが売り物だった。高田市役所近くの交差点にあった店は「鶴しま」という。お酒も出す店で、こちらでも「店長」とか「マスター」「ツーさん」と呼ばれて、多くの市民に親しまれていた。

洋品店は三十五年間やってきた。毎日八時に起き、洋品店で働く。夜はラーメン屋を営業し、夜の十二時が閉店。二時に寝て八時に起きる。睡眠時間六時間、これを十五年間続けて来た。すごいことだ。

弱音は吐かず、やると決めたらやる人だった。

青年会議所の活動もやっていたし、記憶力が良く、誰とでも話が出来る人だった。芯が強く、こだわりを持った人で、好き嫌いをはっきりする人だった。お店で「ラーメンがまずい！」などという人がいると「もう、来なくていい！」と言うような人だった。

両親と一緒に暮らしていたが、道子さんとは仕事の時間が合わず、一緒にいる時間というものがほとんどなかった。「ママ、今年は旅行に行こうね……」と話していた矢先にこの震災が起きてしまった。


三月十一日、道子さんは市役所にいて無事だった。

一方、清さんは洋品店で片付けをしていた。先に来た地震で散乱した店をそのままにしておくことは店長として出来なかった。最後に見た店員は「店長、津波が来るから逃げましょう」と言ったが、「わかってる、先に逃げ！」と言って店に残った。店員は皆無事だった。

まさか、あんな大きな津波が来るなんて誰も思っていなかった。


六月二十日、菩提寺の合同葬儀が行われ、埋葬も終わり、型通りの弔いは終わった。道子さんは両親が待つ名古屋にこれから行く。清さんが大好きだった高田を離れなければならない。「いつか帰って来たいけど……」と言ってテントを後にした。

あんないい人が、なぜこんな目に遭わなければならないのか……。

理不尽な災害になすすべなく涙する人のなんと多い事か。

せめて、この面影画が少しでも道子さんのやすらぎになってくれれば嬉しい。

道子さんにおくる、大好きだったご主人の記録。
清さんのご冥福をお祈り致します。

六月二十八日の面影画は熊谷尚子さん

描いた人　武蔵かおるさん　四十代　同僚
　　　　　及川昇子さん　　三十代　同僚

かおるさんは職場のリーダーだった。とても元気でバイタリティに溢れた人だった。リーダーという立場上きつい事も言うけれど、職員のことを人一倍心配する人だった。声が大きくて「あ〜〜のさあ……」って言いながら部屋に入ってくるような人だった。若い職員にとって怖い存在でもあったが、頼りになる先輩でもあった。

若いころにご主人を亡くし、女手ひとつで子供二人を育て上げた。本人は「うちは資産家だからさあ、実家にはお金があるんだよね〜〜」などと言っていたが、確かに良家のお嬢さんだったようだ。「武蔵さん」「かおたん」などと職員に呼ばれ、慕われていた。

明るいリーダーだった。仕事柄、お年寄りを楽しませる為に着ぐるみなどを着てイベントを行う事もあるのだが、そんな時は一番先にドラえもんの着ぐるみを着て、率先して楽しませる人だった。元気でお茶目、リーダーの資質を備えた人だった。

三月十一日、かおるさんは勤務変更をして、葬儀会場にいた。たまたまこの日がお母さんの葬儀だった。親族がみな揃っていた。もちろんかおるさんの子供たちもいた。

大きな地震で混乱し、その後の巨大な津波が全てを呑み込んでしまった。誰もあんな大きな津波が来るとは思っていなかった。

たまたま、職場宛に、かおるさんにお香典を届けに来た人が助かった。こんな偶然もある。

なんでこの日に葬儀だったのか……職場のみんなの思いがそこにある。

かおるさんはまだ見つかっていない。職場のみんなの夢によく出てくる。夢の中のかおるさんは「ごめん、悪かった。いろいろあって来れなかったんだあ〜」と明るい。普通に勤務している姿を夢見る人も多い。みんなかおるさんが笑っている夢を見ている。

「何かを伝えたいんだと思うんですけどね……」佐藤美名さんがぽつりと言った。


昇子さんも二人の子供の母親だ。昇子さんの子供は小学四年生と一年生の二人だ。明るく元気なお母さんだった。

カラカラっと明るく笑う人で、天然の明るさを持っていた。話を聞いた佐藤美名さんの子供たちと同年代で、子供同士が親友の間柄だという。

がんばりやさんで、かおるさんに叱られても、我慢して仕事に打ち込んでいた。以前に、冗談で美名さんに「私の左腕、ほら、ほくろがいっぱいあるでしょ。何かあったらこれで探してもらえるから……」なんて言ってたこともあった。

三月十一日、昇子さんは夜勤明けで、家で寝ていた。ご主人も一緒だった。子供たちは学校だった。地震が来て、先生の誘導で子供たちは津波から逃げる事ができた。

昇子さんの行方はまだ分からない。

まだ小学生の子供たちは、お父さんとお母さんが亡くなったという実感がない。誰も話す事が出来ない。おばあちゃんと三人で仮設住宅に入っているが、おばあちゃんのつらさは想像するに余りある。これほど理不尽なことはない。

職場の同僚から依頼された面影画。

在りし日のふたりの笑顔を描いて、いつまでも忘れないようにしたい。二人の写真はご遺族にほんとどを渡してしまい。残ったわずかな写真から二人の笑顔を描いた。

同僚としては波長の合わない二人だったかも知れないが、絵では並んで笑っている。

かおるさんと昇子さん、お二人のご冥福をお祈り致します。

七月二日の面影画は熊谷《くまがい》尚子《ひさこ》さん

描いた猫　ちゃこ　十三歳

ちゃこは小さい頃、尚子さんの家のとなりの焼き鳥加工場で飼われていた。正月休みに加工場が休暇になり、その時に尚子さんの家に餌をもらいにきて、そのまま飼うことになった猫だった。ペルシャの血が入っているのか、目が大きくブルーだった。白地に茶色が入る体の色から「ちゃこ」と名付けられて、家族に可愛がられた。

ちゃこは頭のいい猫だった。家と外を自由に行き来していた。トイレは必ず家でせずに、畑に行って済まして来た。

子供たちも「ちゃー、ちゃー」と呼んで可愛がっていた。ちゃこは子供があまり好きではなく、逃げ回ることが多かった。反面、猫好きな人はよく分かり、そういう人が来ると自分から寄っていたものだった。

猫にはネコ、トコ、ミコと三種類の猫がいると、よく言われる。ネコはネズミを獲る猫。トコは鳥を獲る猫、ミコはヘビを獲る猫と言われている。

ちゃこはトコだった。よくスズメを捕まえて見せにきたものだった。最終的には食べるのだが、尚子さんに獲物を見せてから、誇らしげに食べていた。

食べるといえば、サツマイモが好きな猫だった。

メス猫だったので、家で子供を産む。尚子さんの子供たちが「子猫の里親」探しで大変だった。「避妊してなかったからね……仕方なかったんだけど……」「十三年一緒に暮らしたから……」猫を失った気持ちは十八年猫と暮らした私には本当によくわかる。

三月十一日、尚子さんは仕事だった。職場は高台にあり無事だった。その職場が避難所となり、大勢の被災者を受け入れると、目が回るような忙しさになった。

被災者の騒ぎが一段落してから、ちゃこを捜しに行ったが見つからなかった。外に遊びに行く猫だったから、津波に流されてしまったのかもしれない。

猫は家につくと言われる。尚子さんの家は津波で何もかも流されて跡形も無くなっていた。ちゃこが家に逃げていても、助かるすべはなかった。

同僚からは「連れて逃げれば良かったのに……」と言われたが、職場にいたのだからどうしようもなかった。

「山にでも逃げていてくれればいいんだけど……」

尚子さんの期待を込めて、精悍な「ちゃこ」の絵を描かせていただいた。

尚子さんにおくる、十三年暮らしたちゃこの記録。

七月七日の面影画は千葉信也さん

描いた人　千葉教子さん　五十六歳　妻

信也さんと教子さんは結婚して三十三年になる。

教子さんはいつもお父さんが迎えに来るのを職場で待っていた。そんな教子さんに声をかけたのがきっかけで、二人は交際を始め、結婚に至った。「今で言えばナンパだよね……」信也さんは明るく笑う。惚れて一緒になった恋女房だった。

教子さんは犬が大好きだった。それも大型犬を。今まで三頭の犬を飼った。初代は秋田犬の「サム」、雄犬だった。サムは十四年一緒に暮らした。次がゴールデンレトリバーミックスの「モモ」、こちらは雌犬で四年という短命だった。

そして、今飼っているのがシェパード雑種の「ゴン」。まだ一歳半で、しつけの途中だ。

犬は家の中で飼っている。

朝、四時ころには顔をなめられて起こされる。散歩は教子さんと信也さんが交代で行く。毎日三キロから四キロを歩く。大型犬だから散歩も大変だ。引きずられるように歩かされる。高田の松原にはよく散歩に行った。二トントラックの荷台に乗せて、松原まで行き、波打ち際を散歩した。犬は水が大好きだから大喜びで走り回っていた。

一週間に一度のシャンプーは欠かせない。ベッドで一緒に寝るから、いつも清潔にしていなければならない。信也さんのベッドと教子さんのベッドを行ったり来たりする。

手元に一枚の写真がある。信也さんが「モモ」と寝ている写真だ。何と「モモ」は仰向けに大の字に信也さんの腕枕で寝ている。気持ち良さそうに。

信也さんが言う「いい具合に腕枕をしないといびきをかくんだよ。けっこう大きな声でいびきをかくんだよね……」犬とともにある暮らしだった。

信也さんの仕事は土木業で、毎日お弁当を持って出かける。教子さんは毎日犬の散歩の後、お弁当を作る。料理は?と聞くと信也さんは「あまり上手じゃなかったかな、料理より器に夢中だったよね……」家には教子さんが集めた食器がいっぱいある。今は思い出の品だ。

教子さんは高田市役所近くの民商で事務をやっていた。会員の面倒見がよく、リーダー的な役割をこなしていた。会員の生活の中にまで入って世話をする人で、会員の信頼も厚かった。知り合いが多い人だった。

三月十一日、信也さんは仕事で、いつものように教子さんが作ったお弁当を持って出かけた。この日、教子さんは忙しかった。民商会員の集団申告の日だった。今日は忙しいからと、おやつのような食べ物をみんなの分も作って持って家を出た。

事務所は市役所の近くの民家を借りていた。そして、この日は民商のパレードも行われた。地震が来たのはそのパレードの最中だった。酒屋のガラスが割れたり、市内は騒然となった。

教子さんがマイクを持ってパレードに参加しているのを、寿司屋の人が見ていた。それが最後に目撃された姿だった。

誰もあんな大きな津波が来るなんて思いもしなかった。

日頃から責任感の強い人だった。自分が参加しているパレードの参加者を守ろうとしていたはずだ……と信也さんは言う。実際にそうだったのだと思う。

津波は信也さんの家の四百メートル手前まで来た。家は無事だった。しかし、教子さんは行方不明になった。

その後、教子さんは市内から竹駒まで一、五キロも流された場所で発見された。戸外にいて流されたので、損傷が激しく、外見ではまったくわからなかったという。最終的にはＤＮＡ鑑定でわかり、二十五日に葬儀が終わった。

絵のリクエストは三頭の愛犬に囲まれて微笑む教子さん。ゴンのしつけを気にしていた教子さん。ゴンとサムとモモに囲まれてにっこり笑っている姿を描かせていただいた。

この絵が信也さんの心を少しでも安らかにしてくれればうれしい。


信也さんにおくる、最愛の妻、教子さんの記録。

教子さんのご冥福をお祈り致します。

七月八日の面影画は佐々木総恵《ふさえ》さん

描いた人　上部《うわべ》　恵《さとし》さん　七十二歳　父
　　　　　上部恵功子《うわべえくこ》さん　六十九歳　母

恵《さとし》さんは市役所に勤めていた。二十代のとき恵功子《えくこ》さんと知り合い、結婚した。その後、定年まで勤め上げ、今は悠々自適の生活を楽しんでいた。

趣味も友達も多く、人に勧められると何でもやっていた。定年になってからは、畑の仕事をよくやった。絵を描いたり、草野球に熱中したり、ゴルフをやったりした。アユ釣りも始めた。毎年、気仙川で七月一日の解禁を待ち望んでいたものだった。そば打ちもやった。タレも自分で作る本格派で、新蕎麦の時期になると、みんな恵さんのそばを楽しみにしたものだった。

恵功子さんは三人の子供の子育てをしながら、四十年以上花屋をやっていた。最初は生け花をやっていて、人に教える立場から、商店街で何か店をやろうかという事になって、それじゃあ花屋を……という事になり、自然に花屋を開業することになった。

花屋の二階で生け花教室を開いていた。恵功子さんにとって、花屋は趣味の延長であり、情熱を傾ける対象でもあった。いつも忙しい働き者で、元気な人だった。

今、花屋を一緒にやっている、息子のとくやさんは「うちには父が二人いたようなもんですよ……」と笑う。二人とも自立していた。母は仕事の師匠でもあった。長女の総恵さんも生け花の教授の資格を持っている。花に魅せられた一家でもあった。

恵さんと恵功子さんは三人の子供に恵まれた。長女、次女、長男ともに子供が二人。それぞれの家も近いので、何かあると、合計六人の孫に囲まれる楽しい時間が続いた。

お酒の好きな恵さんは晩酌型で、いつも家で飲んでいた。恵功子さんの花屋が年中無休だったので、二人で一緒に出かける事は少なかった。

三月十一日、翌日に学校の卒業式を控え、恵功子さんの花屋は忙しかった。息子のとくやさんは朝から大忙しだった。総恵さんも手伝っていた。総恵さんは午後から広田町の中学校にいた。卒業式の花を活けていた。恵功子さんは店で孫の面倒を見ていた。恵さんは畑を終えて家に帰っていた。

そこに地震が来た。とくやさんは消防団だったので、すぐに緊急出動した。総恵さんは中学校が避難所になっていたため、そこで避難所作りの手伝いをしていた。

店に次女のひろみさんが通りかかり、とくやさんのお嫁さんと孫を車に乗せて、恵さんと恵功子さんに声をかけた。お嫁さんも「逃げよう！」と言ったが、二人は「先に行け！先に行け」と言うばかり。

常日頃から恵さんは「うちには津波は絶対に来ない！」と言い切っていた。マイヤという大きなビルもあるし、絶対大丈夫と言っていた。そして、この時も逃げようとしなかった。

地震で店がひどいことになっていた。息子が帰るまでに直しておかなければと思ったのだろう。店の片付けに専念していた。

そこに誰も考えなかったような巨大な津波が襲った。

恵さんは三月に遺体確認できた。恵功子さんは合同葬が終わってからＤＮＡ鑑定で発見された。三月に上がっていた遺体だった。

二人は来週一緒に埋葬されることになっている。


面影画のリクエストは、お酒が好きだった恵さんに「酔仙」のお酒を持たせて。恵功子さんはラベンダー色の和服姿で、胸にキキョウの花をあしらう……というもの。

少ない時間だったが、頑張って仕上げた。

この絵が、残された皆さんに少しでも恵さんと恵功子さんを思い出して頂けるものになれば嬉しい。

総恵さんにおくる、素晴らしいご両親の記録。

恵さんと恵功子さんのご冥福をお祈り致します。

七月九日の面影画は阿部新治さん

描いた人　阿部チヨ子さん　七十七歳　母

チヨ子さんは二十歳の時に萬太郎さんのところに嫁に来た。家は大家族で、若い嫁は大変な苦労をしたものだった。両親を含め五人の年寄りの面倒を見るのは本当に大変だった。今ならば、デイサービスとか、訪問看護とかがあるが、当時は嫁の手だけが看護の手段だった。

大変な苦労をしながら五人の子供を育て上げた。芯の強い人で、日頃は温厚だが、何かあると男でも真似出来ない強さを発揮する人だった。

恐山に何度も行った。イタコのような口寄せが出来る人だった。高田の和野に同じような人が二人いて、よく通ったという。家の人以外にはそんな素振りは見せなかったが、普通の人と違う一面を持っていた。持って産まれた能力だったのだろうが、どちらかというと神仏の側にいた人だったのかもしれない。

息子の新治さんがメモを持参してくれた。そこにはチヨ子さん語録とでもいう言葉が並んでいた。そのひとつひとつがチヨ子さんの人生を表していた。

「女子（おなご）で語る訳じゃないけど！」と、飯台を叩いて、理不尽な事を言う男衆をたしなめたという。新治さんは障子越しに聞いていて、わが母の強さを思ったという。

「見守ってけらっせ……」仏様、神様、地蔵様……とにかく神仏には手を合わせ、こうつぶやいていた母の姿を見ていた。口寄せの事もあったのだろうか、とにかく信仰心の厚い母だった。新治さんの車で高田に来たとき、万人供養塔の前で車を止めさせ、わざわざ拝んだ。あとでこの供養塔が津波被害の供養塔だと知ったとき、新治さんはあらためて今回の津波を思った。

「ごしぇやかせんな……」怒らせるな、不快にするな、と他の人への思いやりや心配りをつねに言っていた。「ウソは通らない！後で解るんだ！」というのもチヨ子さんが常に言っていた信条だった。「木の実は元さ落ちる……」最終的には元の形に戻るものだという。おじいさんがタンカを切って家を出ていった。でも、結局最後は家に戻って来た。川を埋めた場所は、災害が起きればまた元の川に戻る。人生の諦観を教える言葉でもある。

今年の正月過ぎてから、チヨ子さんはいろいろな物を買いだめした、米、味噌、醤油、りんごや飴のたぐいも三～四ヶ月分はあろうかという量だった。皆、それを不思議に思っていた。

新治さんは、「今から思うと、こうなることが何となくわかっていたんじゃないか……」と言う。

三月十一日、チヨ子さんは世田米の家から高田の「はまなす」という治療院で鍼灸の治療を受けていた。本当は八日の火曜日に行くはずだった。その日、萬太郎さんの血圧が高くなって、その世話をしていたため行けなかった。

バスで高田まで行き、そこからいつも乗っているタクシーで「はまなす」に行った。午前中で治療を終えて、タクシーで帰ったところまではわかっている。

新治さんは「たぶん、その後マイヤで買い物をしていたんだと思うんですよ……」その後の足取りはわからない。

大きな地震の後、巨大な津波が高田の町を呑み込んだ。

チヨ子さんは五本松の近くまで流された車の中で発見された。胸に肩がけで掛けられたバッグに保険証が入っていて身分照会が出来た。顔はきれいで、眠っているようだった。

後部座席だった。誰かがチヨ子さんを車に乗せて避難する途中だったようだ。「誰だかわからないんですよ。おふくろを車に乗せてくれた人には本当に感謝してるんです……」新治さんの言葉が震える。

車に乗せてもらえなかったら、こうして発見されたかどうか……顔も体もきれいなままだったかどうか……矢作中学の遺体安置所を見て回った記憶が蘇るという。

神仏の近くにいたチヨ子さん、最後の最後に神様が手を差し伸べてくれたのだろうか。本当に神仏の側に行ってしまったが、あちらの世界からみんなを見守っているに違いない。

家の板の間をピカピカに磨くのが好きだったチヨ子さん。煮しめが上手だったチヨ子さん。面影画のリクエストは、帽子をかぶって微笑んでいるチヨ子さん。

この絵が少しでも新治さんや萬太郎さんの心を癒してくれれば嬉しい。

新治さんにおくる、立派なお母さんの記録。

チヨ子さんのご冥福をお祈り致します。

七月十日の面影画は高橋純子さん

描いた人　菅野　修さん　六十三歳　兄
　　　　　菅野まさ子さん　　　　　義姉

修さんは、今回の津波で家を流されて、何もかも失った。命は助かったが、体は難病と戦っていて一人で暮らすのは難しく、今は姉の家に身を寄せている。

そんな境遇の兄に少しでも力を与えることができたら……と純子さんは面影画に申し込んだ。絵のリクエストは、十八年前に交通事故で亡くなった義姉《あね》のまさ子さんを一緒に描くこと。

今の兄の姿と十八年前の義姉《あね》の姿を一緒に描く。面影画ならではの創作だ。

修さんとまさ子さんは、仙台の高校時代に知り合って、交際を重ね結婚することになった。仙台に住んでいたまさ子さんだったが、結婚を機に高田に来た。

まさ子さんは、高田では電気店を営み、コーラス活動などもして友人も多かった。しかし、十八年前、交通事故で他界してしまうという悲劇が襲った。

修さんとまさ子さんには陽子さんという娘がいる。アメリカで結婚して孫が二人いる。女の子はキアナ、男の子はブルースという。陽子さんはアメリカで歌の活動をしていて、その成果を高田の被災地で披露するために孫二人を連れてやってきた。

純子さんはアメリカで暮らす姪の陽子さんに、この面影画を渡そうとしている。両親の姿を絵にして、遠く離れたアメリカに持って行って欲しいと思っている。

今回の大震災で、多くの人が亡くなった。修さんは家を失った。失意の父に代わって純子さんが姪の為に絵を贈る。


この絵が、遠い異国で暮らす陽子さんに、少しでも両親を思い起こさせてくれれば嬉しい。

純子さんにおくる、姪の為の面影画。

七月十五日の面影画は菅野陽子さん

描いた人　菅野　修さん　六十三歳　父
菅野キアナ
菅野ブルース

陽子さんは今アメリカに住んでいる。子供は二人、キアナは女の子でブルースが男の子だ。ご主人とは事情があって別れている。

アメリカで仲間と歌の活動をしている。

今回の震災はアメリカで知った。大きく報道されたふるさとの惨状。自分にも何かできるのではないかと考え、仲間と歌で被災者を元気づけられるのではと帰ってきた。

そんな陽子さんがキアナとブルースの絵を病と闘っている父親に残して上げたいと面影画に申し込んでくれた。

遠く離れた異国の地で暮らす孫を少しでも身近に感じてくれたらという思いはよくわかる。

陽子さんの思いに応えたいと思った。

満面の笑みでグランパとたわむれる二人を一枚の絵に仕上げた。

受け取りにはキアナとブルース、そしてお父さんも来てくれた。みんな喜んでくれたのでよかった。

七月十八日の面影画は藤野直美さん

描いた人　藤野栄紀さん　七十二歳　父

栄紀さんは若い頃に宮城で大工の修行をした。気仙大工の流れを汲む大工で、結婚した時は立派な大工職人だった。栄紀さん二十四歳の時、ひとつ下の智弥子さんと結婚した。

智弥子さんは一人娘だったので、婿に入る形になった。その頃の智弥子さんは酔仙酒造で働いていた。おばちゃんがリンゴを商っていて、子供の頃は「智弥子ちゃんちに行くとリンゴがいっぱいあっていいよね」などと言われる家だった。

栄紀さんは東京に出稼ぎに出たこともあったが、多くは高田市内で仕事をしていた。高田の七夕の台を作ったり、お寺さんの仕事も多かった。

栄紀さんは釣りが大好きだった。毎日波を見て、今日はどこがいいなどと言って釣りに行く。よく高田の松原で釣りをした。九十センチもあるスズキや、六十センチのアイナメ、巨大なカレイも釣った。若い頃には鮎釣りもやっていた。家の鴨居にはズラリと釣り竿が並び、高価なものも多かった。

とにかく、海が大好きで釣り場の知識が豊富だった。漁師としてやっていけたのではないかと智弥子さんは言う。「知らない人がよくお父さんの話をするんだよね、釣りの事ならあの人に聞けって言われていたからね……」

直美さんも言う「野良猫が父が帰ってくるとニャ～って寄ってくるんですよ、そうすると父が『今日はニャーよ』って言うんですよ。両方でニャーニャー言ってるんです……」

釣りから帰って野良猫と会話する父の姿。毎日が楽しかったという。

そんな家も、父の釣り道具も、父も津波に全て流された。

三月十一日、栄紀さんはヨットハーバーから帰って来た。大きな地震の後だった。家の近くの会館に集まっていた人々に向かって、津波が来るから早く高台に逃げろ、という声が上がる。栄紀さんは智弥子さんと直美さんに「先に行け！」と言った。

浄土寺に集まる事で決めていたので、そこで車の栄紀さんと別れた。それが最後に見た姿だった。浄土寺で二人は四時まで待ったけど栄紀さんは来なかった。

真っ黒い波だった。家がギシギシとぶつかり合い押し流されて行く。家のあった大町の集落は全滅した。真っ黒い津波が高田の町を呑み込んだ。

智弥子さんと直美さんは高田一中にいた。その日は雪が降って寒かった。避難した人に渡された水は一日わずかコップ五分の一。津波四日後にやっとパンが配られた。体育館では毛布もなく、寒い夜を暗幕をかぶってしのいだ。

そんな中、智弥子さんも直美さんも栄紀さんを捜して歩いた。避難所は全部回ったが父の姿はなかった。そこかしこで遺体が上がり、運ばれて行く。まさに地獄のような光景だった。

栄紀さんはＤＮＡ鑑定で五月に発見された。ＤＮＡといえば肉親なら誰でも良いかというと違うらしい。この時は弟さんのＤＮＡで発見された。考えてみれば妻は別のＤＮＡだし、子供よりも兄弟の方がＤＮＡの形はハッキリしているのだろう。

ＤＮＡ鑑定といっても、様々なハードルがあり、時間がかかる。高田にはまだ行方不明者が六百人以上いる。また身元不明の遺骨が多数存在する。まだまだ震災は終わっていない。

酒とタバコと釣りが大好きだった栄紀さん。

智弥子さんと直美さんに、この絵が少しでもお父さんを感じさせてくれれば嬉しい。

栄紀さんのご冥福をお祈り致します。

七月十九日の面影画は、馬場　優《まさる》さん

描いた人　馬場俊三さん　曾祖父
　　　　　馬場みつさん　曾祖母

優さんは津波で家を流されてしまった。その家には先祖代々の肖像画が掛けられていた。祖母や祖父の写真は誰かが持っている。しかし、曾祖父と曾祖母の写真は誰も持っていない。

優さんは自宅跡やあちこち写真を捜しまわった。発見された写真を展示してある会場にも行った。しかし、その写真は見つからなかった。

そんな優さんが面影画に申し込んだ。資料も写真も何もない状態で家にあった肖像画を描いて欲しいというもの。

難しい注文だったが受ける事にした。まずは二人の話を詳しく聞く。

俊三さんは軍人だった。砲兵隊の伍長だった。戦争から帰って末崎村の初代消防団長をやった人だった。厳格な人だった。

ここからは優さんの記憶を掘り起こす作業になる。

顔は長四角、えら少し、口ひげが校長先生タイプ、メガネなし、奥二重の目、少し近目で眉毛はしっかり。白髪で短髪、永六輔さんのような頭。背広姿で、たしか三つ揃えを着ていた。当時としては珍しい。

みつさんは八十三歳で亡くなった。まだ優さんが小さい頃だった。丸顔で卵形、ショートカットで桃割れのようなヘアスタイル。二重の目は大きめで眉毛は普通。

和服でやや右振りで描かれていた。

このような話を聞き、絵にする。自分のイメージと優さんのイメージがどれだけシンクロするか。

面影画の基本を試されることになった。

　優さんにはどうしても曾祖父と曾祖母を描きたい理由があった。優さんは先祖代々この地に生まれ育った訳ではない。俊三さんとみつさんが、この地の馬場家の始まりだった。この地に第一歩を記したのが俊三さんとみつさんだから、どうしても二人の肖像画を新しい家に掛けたいのだという。

　何もかも流されて、新しい一歩を踏み出すには、先祖の肖像画は欠かせない。写真もない。記憶を頼りに面影画に申し込んだのには、そんな理由があった。

　ラフスケッチが終わり、優さんが来た。今回は、このラフからの修正がポイントとなる。優さんの指示で次々と線を引き直す。目はもう少しきつく、あごは短い、ほほの線は直線で、唇はもっと薄い……などなど、次々に指示が出て、それを修正する。

　こうして優さんの記憶に徐々に近づいて行く感覚が面白い。線を少し修正するだけで別人になっていく。徐々に変わって行く顔は、何だか優さんに似て来た。まさに面影がそのまま絵になっているようだ。

　優さんのオッケーが出て、線描きに入る。ここからは自分だけの作業だ。白黒で描いて欲しいというリクエストなので、慎重に薄い色から塗り始める。つい塗りすぎてしまう傾向があるので、ゆっくり筆を休めながら塗り重ねる。

　何とか時間内で満足いく絵が出来た。

　この絵が新しい家に飾られて、ご先祖様として手を合わされるようになるのかと思うと身が縮む思いだが、面影画のひとつの形として意味ある一枚になった。

　優さんの家にふさわしい絵かどうかわからないが、時間内で精一杯描いた一枚。

　この絵が、優さんにご先祖を思い起こさせてくれれば嬉しい。

七月二十一日の面影画は村上昭子《あきこ》さん

描いた人　河野哲哉さん　六十一歳　義弟
　　　　　河野時子さん　六十三歳　妹

哲哉さんは高田市役所近くで「写楽」という和食料理店をやっていた。お刺身や天ぷらが美味しいと評判のお店だった。時子さんも一緒にお店をやっていて、いつも忙しい二人だった。

時子さんは、定食を注文した客に、サービスでもう一品追加するようなきさくな人だった。姑さんからは「哲哉の店はもうけがないから……」などと言われる、利益より客の為にある店だった。お刺身などは「美味しい」と、遠くから食べにくる人がたくさんいた。

哲哉さんは若い時に、東京の「天ぷら・写楽」という店で修行をして、高田に帰って来た。その店の名前を頂いて「写楽」を始めた。店には写楽の絵がたくさん掲げられていた。

哲哉さんは気仙調理師会の理事を十三年やった。自分の店も大変だけれど、地域のために出来る事はやろうという気持ちからだった。今年やっと退任出来ることになっていた。

お店は時子さんが大好きな花で埋め尽くされていた。「お花がきれいだ」と客の誰もがほめる店でもあった。時子さんが生ける大型の花瓶は客の誰もが注目するものだった。

二階にある宴会場でも、時子さんが生ける花がテーブルを飾った。花が大好きだった時子さん、母の日にはいつも花をプレゼントしていた。

時子さんは三人姉妹の真ん中で、今度時間が出来たら京都に旅行に行こうと言っていた。いつも忙しい時子さん、新婚旅行で行った京都にもう一度行くのを楽しみにしていた。

二人には子供がなかった。いつも働き通しで、忙しい二人だった。昭子さんの子供たちや孫を本当に可愛がってくれた。子供たちもおじさんが作ってくれる料理を楽しみにしていた。

三月十一日、昭子さんは民商の申告日でパレードに出ていた。そこに地震が来た。市民会館にいたのだが、すぐに解散して、みんなで逃げるように帰った。

昭子さんは途中で「写楽」に寄って妹の様子を見た。時子さんは道路に散乱したビールケースとビールの空き瓶を片付けているところだった。

「中がすごいから見ていきない。これじゃ、明日の宴会は無理だわ……」と片付けに専念していた時子さんだった。

昼の営業が終わって、従業員も帰っていた。昭子さんは時子さんとそこで別れた。

誰もあんな大きな津波が襲ってくるとは考えてもいなかった。

後日、となりのおじさんが「うちのおばあちゃんを乗せて車に乗ったのを見た」と言っていた。車が曲がった方向は自分の家の方向だった。

たぶん、その道が渋滞していて、そのまま津波に巻き込まれたのではないか……と昭子さんは言う。車は空の状態で見つかったが、二人はまだ見つかっていない。

「片方だけ見つかるより、二人一緒なんだと思えるからこのままでも……」昭子さんの言葉がしみる。河野家はお母さんも、お兄さんも津波に流された。

震災とはいえ、失ったものがあまりに大きすぎる。かける言葉が見つからない。

面影画のリクエストは哲哉さんに「写楽」という文字をからませ、時子さんはお花をバックに描くというもの。私に出来ることは、精一杯の絵を描く事だけだ。

この絵が昭子さんに少しでも希望を与えられれば嬉しい。

哲哉さんと時子さんのご冥福をお祈り致します。

七月二十三日の面影画は鈴木ふみ子さん

描いた人　鈴木浩美さん　二十八歳　嫁

浩美さんは十八歳の時に、ふみ子さんの息子雅春さん（二十七歳）と結婚して、鈴木家に嫁としてやってきた。年も若かったし、可愛い嫁だった。ふみ子さんは素直な嫁に何でも教えて来た。

子供は二人の女の子に恵まれた。長女は妃依《ひよ》、今年九歳になる。次女は沙彩《さや》、六歳になる。三つ違いの二人を育てる若いお母さんは忙しかった。どこに行くにも二人を一緒に連れて行き、何をするのも一緒だった。

沙彩《さや》が今年小学校に上がるのを、浩美さんは本当に楽しみにしていた。

一枚の写真がある。家族四人で撮った最後の写真だ。近所の神社のお祭りに、舞台で妃依《ひよ》と浩美さんが、仲間八人と踊りを披露した。写真はその後で撮ったもの。満足そうな二人の笑顔がまぶしい。

一年前から浩美さんは乳酸飲料の請負販売をしていた。成績は抜群に良く、今年の一月の新年会で表彰された。その時の写真もある。トロフィーを片手にVサインする浩美さんの笑顔がすばらしい。明るく、みんなに愛されていた浩美さん。その笑顔が帰らぬ人となってしまった。


三月十一日、浩美さんは仕事だった。会社の事務所に帰る前に、大きな地震が来た。ふみ子さんは事務所に行って、顔見知りの上司に言った。「浩美は？ 帰って来たら逃げるように言ってください……」上司はうなずいて、わかったと言ってくれた。

ふみ子さんはすぐに家に帰った。家では植木鉢が倒れたりして散らかっていた。ふと海の方を見ると白い波が見えた。津波の第一波だった。

すぐに車に乗って逃げた。必死だった。第二波の大津波からはかろうじて逃げ切った。

妃依《ひよ》は学校にいた。先生が誘導してくれて高台に逃げた。妃依《ひよ》は四日後にやっと家に帰ってきた。沙彩《さや》は家にいたので無事だった。

浩美さんは会社の事務所から出て車で逃げたのはわかっている。たぶん、逃げようとした道が渋滞だったのだろうとふみ子さんはいう。

事務所は全て津波で流された。上司も流されてしまった。みんな、こんなに大きな津波が襲って来るなんて考えてもいなかった。浩美さんは、そのまま帰らぬ人になってしまった。


妃依《ひよ》は学校に行く時に瓦礫を見ると、ママを思いだして涙が出るという。

沙彩《さや》はママと同じ種類の車を見ると「ママ！」と思い、涙が出るという。

話を聞いている時にふと、ふみ子さんが「まだ、子供たちが明るいから助かるけど……」とぽつりと言った。その言葉聞いていていた沙彩《さや》が「まだ明るくなんかなってないよ！」と叫ぶように言ったのが耳に痛かった。

これが、子供たちの本音なのだ。

ママの明るい笑顔を描いて二人に見てもらおう。私に出来ることはそれしかない。

ふみ子さんにおくる、若く可愛い嫁、浩美さんの記録
浩美さんのご冥福をお祈りいたします。

七月二十四日の面影画は米沢祐一さん

描いた人　米沢節祐《ときすけ》さん　七十四歳　父
米沢静枝さん　七十歳　母
米沢　忍《しのぶ》さん　三十八歳　弟

節祐《ときすけ》さんは、若い頃に製菓原料問屋で働いていた。その経験と実績から包装資材のお店を高田で開業し、釜石や宮古まで注文を受けるほどの信用を得ていた。

会社の名前は米沢商会という。人柄が注文を生む包装資材業、節祐さんの信用は絶大だった。まじめで、朝から夜遅くまで働いていた。

静枝さんは祖父が文化服装学院の先生をしていたこともあり、洋裁が得意だった。学院を終了し、免許も取っていたが、その技を生かす前に結婚した。それでも自宅で洋服を作ることがあった。祐一さんの小学校入学式の服やカバン、普段着なども静枝さんが作ったものだった。

静枝さんは子供思いでやさしいけれど、時には厳しくしつけをする人だった。料理も上手で、テレビで見た料理をすぐにその晩作ったりした。静枝さんが作った料理は何でも美味しかった。

節祐《ときすけ》さんが静枝さんと結婚したのは、節祐さん二十五歳、静枝さん二十一歳の時だった。以来、夫唱婦随で人生の荒波を乗り切ってきた。仲のよい夫婦だった。

三人の子供に恵まれた。長男の祐一さんは節祐さんと一緒に米沢商会をやっている。長女は結婚して盛岡にいる。次男の忍さんは東京と高田を半年毎に往復するような形で仕事をしていた。税理士の卵でもあった忍さん、ゆくゆくは米沢商会の経理担当になる予定だった。

忍さんは申告の手伝いで十二月から高田に帰ってきていた。ケーキ作りが得意で、誰かの誕生日には自作のケーキでお祝いをするのが忍さんの楽しみだった。美味しいケーキはみんなに喜ばれた。

一緒に暮らす家族がみんな仲良く、何でも話せる家族だった。祐一さんの自慢だった。

祐一さんは昨年結婚し、この二月に待望の娘を授かった。初めての内孫ということで両親の喜びはひとしおだった。節祐さんは、生まれて来たばかりの孫に向かって「本当に生まれてきてくれてありがとう」と頭を下げたという。

「孫も出来たし、歳だし、そろそろ店は祐一に任せて、孫の世話でもするか……」節祐さんがそんな事を言いはじめた。祐一さんも、やっと孫が出来たし、これから親孝行しなくてはと思っていた矢先の悲劇だった。

三月十一日、ちょうどこの日が一ヶ月のお宮参りの日だった。矢作町の神社の百段もある階段を、静枝さんが孫の多恵ちゃんを抱いて登った。元気なおばあちゃんだった。

無事にお宮参りを済ませて家に帰ったところに大きな地震が来た。店は市役所の近くにあった。三階建てで屋上もあるビルだった。散乱した品物に埋もれながら、祐一さんはさっき別れたばかりの奥さんと子供を心配して、何度も携帯に電話した。奇跡的に一回だけつながり、無事が確認出来た。

同じ車に奥さんの両親も乗っていた。大船渡病院近くの交差点だった。祐一さんは「大船渡病院に逃げろ！そこなら子供が一緒でも安心だ！」この一言が奥さんとご両親、多恵ちゃんを津波から救う事になった。

祐一さんの会社を津波が襲う。屋上から外に出た煙突の上で、足まで波に洗われながら必死で耐えた。そのまま丸一日、祐一さんは耐えた。水が引いても五メートルの水位は減らない。余震の度に津波が来る。下は瓦礫で何もかも埋め尽くされている。とても下に降りられる状態ではなかった。その日、雪が降って震える寒さだったが、祐一さんは自衛隊のヘリが救出に来るまでそこで耐えた。

津波が来る五分前まで節祐さん、静枝さん、忍さんも一緒だった。地震の後、避難所になっている市民会館に三人はいた。そこに巨大な津波が襲い、何もかも流してしまった。「避難所に行っていたのに……何で……」祐一さんの声が詰まる。

最愛の家族を三人も失うつらさは経験した人でなければわからない。その悲嘆は余りに大きい。祐一さんは話している間、ずっと涙が止まらない。

　津波のつい何時間か前に神社で、安全祈願、健康祈願をしたばかりだった。全員で撮った笑顔の写真はいまだ見ることができない。「なんでこんな事になっちゃったのか、悲しいし、悔しい……」祐一さんは仕事のあと、毎日思い出して涙が出るという。そして、それを見て奥さんも泣いてしまうのだと涙ながらに言う。「妻を悲しませちゃいけないってわかってるんですけど……どうしようもなくて……」涙が止まらない。

　節祐さんは三月末に発見された。すぐに荼毘に付そうとして決めた通夜の前日に静枝さんが見つかった。仲が良かった夫婦だから一人じゃ淋しいからって呼び合ったんだろうね……とみんなで話した。不思議なことだけど、本当に一緒に送ることができて良かったと祐一さん。

　忍さんは、六月に入って発見された。奥さんが「新聞にそれらしい人が出てるよ」と祐一さんに知らせてきた。今までそんな事は一度もなかったのだが、祐一さんもたまたま仕事の合間に見に行ったら、間違いなく忍さんだった。

　持ち物でわかった。津波が来る五分前まで一緒だった弟。軍手も財布も下着も見覚えある物だった。忍さんに間違いないが、手続き上ＤＮＡ鑑定をしなければならない。まだ結果が出ていないので忍さんはまだ家に帰ってきていない。


　奇跡のような判断で、妻と子供と妻の両親は助かった。一方、最愛の家族三人を失った。祐一さんの悲嘆は大きい。しかし、前を向かなければならない。

　父が一人残っても、母が一人残っても、弟が一人残っても事業の継続は難しかった。祐一さんには妻がいて、子供がいて、仕事がある。父が起こした事業を、父の名を汚す事なく続ける事が一番の親孝行だ。

　大きな力で祐一さんの背中を押してやりたい。

面影画のリクエストは節祐さんを中心に右に静枝さん、左に忍さんをレイアウトして、笑顔で描くというもの。

三人の面影画は初めてだが、頑張って描こうと思う。

祐一さんにおくる、最愛の家族の記録。

節祐さん、静枝さん、忍さんのご冥福をお祈り致します。

七月二十八日の面影画は菅野昭男さん

描いた人　清水美香さん　四十歳　友人

美香さんは高田のローソン一号店の店長だった。お兄さんがオーナーで、実質二人でコンビニを経営していた。昭男さんはその店の常連客だった。長く通っているあいだに、いろんな話をする間柄になっていった。

オーナーのお兄さんと昭男さんは消防団で一緒だった。気仙川での防水訓練の時にそれがわかって、以後親しく付き合った。

昭男さんは毎日ローソンに通っていた。時にはツケで買い物をしたりするほど親しくなった。お兄さんには、おばあさんの葬儀の時にお世話になった。その感謝の気持ちも忘れていない。オーナーのお母さんとも親しく普段から話をしていた。

美香さんは高校時代ソフトボールをやっていた。明るい人で、いつもニコニコしていた。裏表のない人で、店長としてクルーからも信頼されていた。昭男さんがお店に行くと、美香さんが見ていたかのように表に出てくることも多かった。

クリスマスにはいつもサンタの衣装で出て来て、「どう、似合うでしょ」なんてはしゃいでいた。そんな美香さんと交わす会話が本当に楽しかった。

昭男さんは五年間このローソンに通った。その都度に美香さんと交わす会話が一番の思い出だと言う。一度だけ近くのスナックで一緒に飲んだ事があった。それもいい思い出だ。

昭男さんは美香さんを好きだった。大人の恋は様々な事情が交差して、若い時のようにはいかない。昭男さんはこのままずっとこんな関係でもいいと思っていた。美香さんとの他愛ない会話を楽しむだけでも嬉しかった。

そんな小さな願いを津波が奪ってしまった。


三月十一日、地震が起きたのは、美香さんが出勤している時間だった。ローソンは気仙川のすぐ近くだった。オーナーは家に帰っていたが、すぐにお店に戻り、クルーを帰した。店に鍵をかけているオーナーの姿を見た人がいたが、美香さんを見た人はいない。大きな地震の後だった。避難準備をしていたのだろう。

そこに巨大な津波が襲った。気仙川は津波の本流となった。逆巻く黒い流れは、一気に周辺のすべてを呑み込んでしまった。

震災後、昭男さんは消防団として目が回るような忙しさだった。美香さんの事は気になったが、消防団としてやらなければならないことが多すぎて、個人的な捜索は難しかった。

それでも、美香さんらしい人を見たとかいう情報があると、すぐにそれを確認に行った。美香さんの車を見たという話を聞いたので捜したら、ナンバーが違っていたということもあった。和野会館にいた美香さんのお母さんと連絡を取りながら、出来る限りの捜索をした。

あちこちに出来上がった避難所を回り、名簿を確認した。美香さんの名前はどこにもなかった。そして、災害対策本部の行方不明者名簿に美香さんの名前を見つけた。

それからは毎日、遺体安置所を回った。

三月末にオーナーが発見された。そして、美香さんは七月一日にDNA鑑定で発見された。遺体は四月十二日に発見されたものだった。発見場所は昭男さんの家のすぐ近くだった。「こんな近くにいたのにわからなかったんだよ……」「何度も遺体のファイルを見たはずなんだけど、わからなかった……」昭男さんが悔やむ。

昭男さんが楽しみにしていた美香さんとの会話。五年間のその会話のひとつひとつが昭男さんにとって宝物だ。思いを伝えることは出来なかった。それも悔やまれるが、今となっては仕方ないことだ。一人の男として美香さんを弔い、面影を胸に抱いてこの先を生きたい。そんな思いから、この面影画に申し込んでくれた。この絵が懐かしい人を思い起こさせるものになれば嬉しい。

昭男さんにおくる、五年通った美香さんの記録
美香さんのご冥福をお祈り致します。

七月二十九日の面影画は松阪功一さん、洋子さん

描いた人　松坂敏雄さん　三十八歳　長男

敏雄さんは市役所の職員だった。教育委員会に所属し、学校の合併などに関する調整をしたり、通

学バスの運行などの計画を作っているところだった。

敏雄さんはどちらかというと、のんびり型で、競争を好まないタイプだった。小学校の運動会なんかでも、いつも徒競走は遅かった。

中学に入って、サッカーや野球をやるようになると人並みに足が速い事もわかったが、相変わらず競うことには無頓着だった。

母の洋子さんは言う「もう、まどろっこしくって、まどろっこしくって、イライラすくるくらいのんびり屋さんだったんです……」

職員旅行に行ってお土産を買って来ても、出すタイミングが悪いと「まあ、いいや……」って出さないような子だったという。頼まれると断れない子で、家に来たセールスマンの話を延々と聞いてしまうような子だった。

高校三年の時に就職活動を団体でやると当時担任だった先生が決めた。のんびりした性格だったので、これが良かった。団体で試験や面接に行くので緊張がなかった。そのお陰で役所に就職出来たと洋子さんは先生に感謝する。

就職してからの敏雄さん、性格は変わらず几帳面な仕事ぶりだった。私生活では鳴石の役員をやっていた。真面目な仕事ぶりは、親の心配をよそに周囲から評価されていた。

生涯学習の担当をやっていたときのことだった。子供たちをキャンプに連れて行くことになり、敏雄さんはカレーライスを自宅で一度自分で作ってから出かけた。何ごとも、事前に確認しておくことが敏雄さんの流儀だった。

一度だけ「失敗した……」とこぼした事があった。子供たちを川で遊ばせて、施設のお風呂を担当者から「お湯を流していいですか?」と聞かれ「いいですよ」と答えた敏雄さん。

川から上がった子供たちが「寒い、寒い……」と震えているのを見て、風呂を落とした事を悔やんだ。

「子供たちに寒い思いをさせちゃったよ……」仕事のことでこぼしたのは、後にも先にもその時だけだった。人の悪口など一度も言ったことがない。

功一さんは大工で、出稼ぎが多かった。家にいる時間は短く、敏雄さんと話す時間もなかった。やっと引退して家で落ち着いたのが一年半前だった。「やっと落ち着いて敏雄ともこれからいろいろ話せると思っていたんですけどねぇ……」

功一さんの思いはかなわず、敏雄さんは三十八歳という若さで帰らぬ人となってしまった。


三月十一日、その日の敏雄さんは朝早かった。学校の統合などで、通学バスの経路と時刻表作りのため、二人で朝早くから実際に走って確認するという仕事だった。

いつものように茶の間で着替え、出かけて行った。寒かったのでストーブに当っていて、洋子さんは後ろ姿しか見ていない。

敏雄さん、この仕事は朝のうちに終わり、地震があった時は市民会館の教育委員会で仕事をしていた。地震の後、避難所にもなっている市民会館の点検に走る。

会館にいた人を一旦公園に出し、点検を済ませたと聞いた。寒い日だったが、ワイシャツ一枚で飛び出した敏雄さん。同僚が持って来てくれた自分のジャンパーを着たことまではわかっている。

津波警報が出て、巨大な津波が市民会館を襲う。高田の町は一瞬で黒い波に呑まれた。

市職員の六十四名が亡くなった。全職員の三分の一が一瞬で命を落とした。

功一さんも洋子さんも誰彼なく敏雄さんの消息を聞いて回った。しかし、敏雄さんはいまだ行方不明のままだ。生き残った職員の口も重い。地獄のような光景を見てしまった人たちは、自然にものを語ろうとしなくなる。

「生きても地獄、死んでも地獄ってことなんだよね……」洋子さんがぽつりと言った。

なぜ息子が死ななければならなかったのか、二人には言いたい事が山ほどある。しかし、市職員という立場で考えれば、率先して人々を助けようとした結果こうなったのだから、仕方ないのかもしれない……と自分に言い聞かせる。

三十八歳という若さの長男を失うつらさは、察するに余りある。

この絵が少しでも功一さんと洋子さんに、明るい気持ちを届けてくれれば嬉しい。

功一さんと洋子さんにおくる、最愛の息子、敏雄さんの生きた記録。

敏雄さんのご冥福をお祈りいたします。

七月三十日の面影画は藤丸秀子さん

描いた人　田中なをみさん　八十二歳　母

なをみさんは一昨年、二回目の脳梗塞になって、足が不自由になってしまった。家ではいつも炬燵に入っていて、人が来ると何くれとなく話す事を楽しみにしていた。

電話をかけるのが大好きで娘や息子に何かあると電話し、何もなくても電話するような人だった。話す事は他愛ないことで「今なにしてるか?、今日は仕事か?、明日何するのか?元気か?……」などなど、忙しい時に限って電話が来たりするので、子供たちは対応も大変だった。

なをみさんは自分の事よりも他の人の事をよく心配する人だった。秀子さんは二十歳の時に嫁いで行ったので、特になをみさんが心配していた。若かったし、姑もいた。なをみさんは何くれとなく心配してくれた。

秀子さんは「わたしが一番心配かけたから……」と当時を振り返る。特に孫のことは、いつも心配していた。「秀子、孫大事にしてけろ」といつも言われていた。

誰かが来ると「ほら、上がらっせ、食べらっせ……」と言い、帰ろうとすると「これさ持ってけ、あれさ持ってけ……」と気を使う。

「一人でいるんで、何も出来なくて、もどかしかったんでねえか……」実家が牡蛎の養殖をやっていた。その手伝いが出来なくなったことも、もどかしさの一因だっただろう。一日誰とも話さない日もあったが、そんな日は帰って来た父さん相手に何度も同じ話をして嫌がられたものだった。

息子のお嫁さんがあまり話をしない人だったので、話し相手が欲しかったのだろう。いつも誰かと話していたい人だった。

子供たちに電話をするのは、なをみさんにとって大事な息抜きだった。何を話すかではなくて、声を聞いているだけで安心するひとときだった。

三月十一日、なをみさんは家にいた。秀子さんの話だと炬燵かベッドにいたはずだ。父さんも家にいたが、大きな地震のあと浜の牡蛎養殖の作業場へ急いで行った。そこで息子達と合流し、津波から逃げる事が出来た。

逃げた高台から、自分の家が津波に流されていくのが見えた。言葉も出なかった。

家は小さな沢沿いに建っていた。津波は沢の入り口で膨らんで、一気に家々を呑み込んだ。大きな引き波の後には何も残っていなかった。

三軒並んでいた家が何もなくなり、三人の行方がわからない。引き波で何もかも海へと流されていってしまった。

秀子さんは十六日のテレビでこの「面影画」を見た。すぐに場所を探して依頼に来てくれた。

「絵ならずっと一緒にいられる！って直感的に思ったんですよ……」「本当に今日が待ち遠しかった

んです……」と、今の気持ちを素直に語ってくれた。

秀子さんは二枚の写真を持参してくれた。その一枚は、二年前花巻温泉に行った時のもの。なをみさんは、この何日か後に二回目の脳梗塞を発症した。体が不自由になる前の写真だ。この写真をもとに、なるべくなをみさんらしい絵を描きたい。

写真ではない「絵」の力。写真は毎日見られないけど、絵なら毎日見ても大丈夫。同じ事を他の人からも言われたことがある。

この絵を見て、秀子さんの心が少しでも明るくなれば嬉しい。

秀子さんにおくる、最愛のお母さんの記録。

なをみさんのご冥福をお祈り致します。

八月五日の面影画は小野寺仁志さんと博子さん

描いた人　小野寺俊雄さん　八十六歳　父
小野寺敏枝さん　八十三歳　母
小野寺裕仁《ひろと》さん　十六歳　三男

俊雄さんは銀行員で定年まで働き、定年後は畑や田んぼをやって悠々自適の暮らしだった。若い頃は戦争で、シベリアに抑留されたりして苦労した。寒くてついたき火をしてしまい、その火で発見され、銃口を向けられ、射殺される寸前までいった、とよく話していた。

敏枝さんは小野寺家の長女として生まれ、七人兄弟をよくまとめながら成長した。当時はどの家も貧しかった。兄弟の多い家の長女は母親の役をやらされた。親は夜昼なく働かなければならなかったし、長女が下の子供たちを育てるのは普通だった。

俊雄さんを婿に迎える形で結婚し、気仙沼市赤岩港に小野寺家の別家として新居を構えた。

敏子さんは物静かだけれど芯の強い母だった。和裁をしていたので、着物は自分で作った。料理も上手だった。仁志さんは母の料理の味が忘れられない。畑をやっていたので、自分で作った野菜を調理する。味噌も漬け物も全部自家製だった。

全部、なつかしいおふくろの味だった。

俊雄さんと敏枝さん、長く連れ添った仲のよい夫婦だった。


裕仁《ひろと》さんは三人兄弟の末っ子で、のんびりやさんだった。小さい頃は「おだずもっこ」だったと母の博子さんは言う。おどけて人を楽しませる子供だった。しかし母は、それは見かけだけで本当は繊細でナイーブな子だったとも言う。

写真を撮る時などはいつもおどけたポーズをするが、家ではパズル遊びが好きな子だった。

勉強が苦手で学年が進むにつれて、友達との関係が良くなくなった。学校の帰り道、自転車屋さんのおじさんや、囲碁教室のおじさんと話してから帰って来る事が多かった。

中学に入って柔道部に入り、先生や先輩から可愛がられた。不思議と先輩や大人に可愛がられる子だった。

高校に入ってから勉強が好きになり、夜遅くまで勉強したり、丁寧に取ったノートを見せてくれたりした。裕仁《ひろと》さんは頑張っていた。

仁志さんは言う「高校に入って勉強するようになったし、これから変わって行くところだったんだけど……」「おやじ、ツイッターって知ってるか?なんてパソコンの事をよく話していたんですよ……」

まだまだ、これから人生があったはずなのに、突然帰らぬ人になってしまった裕仁さん。自分でもさぞ悔しいと思う。これから楽しい人生が始まるという時に……

三月十一日、仁志さんと博子さんは仙台にいた。次男の卒業式が行われる学校にいた。その日、学校に行くはずだった裕仁さんは体調が悪くて、家にいた。

大きな地震があり、津波警報が出た。裕仁さんだけだったら逃げられただろう。しかし、家にはおじいさんとおばあさんがいた。二人を助ける為に裕仁さんは残った。足の弱いおばあさんをどうやって避難させるかを思案した形跡がある。車のエンジンキーが差し込まれていたり、三人が外出の服装だったこともわかっている。

そんな三人を想像もしなかった巨大な津波が襲う。ひとたまりもなかったはずだ。家も何もかもなくなってしまった。

仙台から帰った仁志さんと博子さんは必死で三人を捜した。

父は三月十六日に見つかった。母は資材倉庫で仁志さんが見つけて、自衛隊に確認してもらった。「この近くに裕仁もいるはずだ……」何度も何度も自衛隊にお願いして、周辺を捜したが、裕仁さんは見つからなかった。

家が流されてしまった仁志さんは、一関の雇用促進住宅を借りて入った。そして何としても裕仁を捜すんだと、通って捜した。三ヶ月間休まず裕仁さんを捜して歩いた。

最後の頼みの綱ＤＮＡの採取を仙台でしていた時だった。宮城県警から電話が入った。「おたくの息子さんらしい遺体が上がった……」すぐに駆けつけると、まさに裕仁さんだった。胸に入っていたゲームセンターの会員証に名前が書いてあった。

遺体は気仙沼の湾内、二の浜で上がった。「外洋に流れなくて、本当に良かった……」仁志さんも、ほっとした表情で話す。

博子さんは「私たちが遠くに行くと、裕仁の事が何かわかるんですよ。離れたくないって思っていてくれているような気がして……」と涙をぬぐう。

絵のリクエストは裕仁さんを中央に三人が笑顔でいるところ。

両親と息子を亡くすという大きな大きな空白を埋める事は出来ないが、この絵が少しでも三人を思い出すきっかけになれば嬉しい。

仁志さん、博子さんにおくる、ご両親と息子さんの生きた記録。

俊雄さん、敏枝さん、裕仁さんのご冥福をお祈り致します。

八月七日の面影画は水野　慎《まこと》さん

描いた人　沖野　洋《よう》さん　三十二歳　友人

慎さんと洋さんは高校時代からの友人だった。大学は別だったが、同じ東京だったので、大学時代も友情は続いた。

お互いの部屋を行き来して、部屋でぐだぐだと昼間からビールを飲んだ事などが思い出される。洋さんは飲んでにぎやかになる天然ボケの人だった。

明るくて、やさしくて、誰にでも自慢出来る親友だった。

慎さんは高田の市役所に就職し、休みの日に、その頃盛岡にいた洋さんと、秋田の角館に旅行に行った事を思い出す。

武家屋敷を散策したり、地サイダーを珍しがって飲んだりと、楽しい思い出になっている。写真を撮るのが好きで、自分の写真はあまりない人だった。たまに写っていても、いつもおどけて写っていた。

その洋さんが高田市役所に就職した。まさか同じ職場になると思っていなかったので、慎さんは驚き、そして喜んだ。学生時代からの延長で、楽しい友だちとの付き合いが続いた。

洋さんの仕事は税務課に決まった。細かい事が苦手な洋さん、慎さんは内心「大丈夫かな?」と心配していた。洋さんは「大変だよ！」と言いながら仕事をこなし、最近は得意分野の企画政策課に移動になり、ますます元気になっていた。

洋さんはもうすぐ結婚することになっていた。結婚して、子供が出来て、家族同士の長い付き合いが始まるはずだった。しかし、「マッコ」「オッキー」と呼び合う親友は、突然帰らぬ人になってしまった。

三月十一日、二人は大きな地震の後、役所の駐車場にいた。津波警報が出て全員が逃げる。市役所から高台に逃げる道は二手に分かれていた。

慎さんがふと気づくと洋さんがいなかった。「あれ?どこいった?」「大丈夫かな?」「別の道に行ったか?」そんな事を考えながら慎さんは走った。

真っ黒い波が高田の町を一瞬で呑み込んだ。誰もあんな大きな津波が来るとは思っていなかった。

洋さんは役所の近くの建物の中で見つかった。顔も体もきれいなままだった。

洋さんはどこかのおばあちゃんを助けようとしていた。やさしい人だった。逃げる事よりもおばあちゃんを助けようとする人だった。

慎さんが持参した写真に、満面笑顔の洋さんが写っている。顔立ちの整った美男子だ。「友だちに子供が出来たときの写真なんですよ」「珍しくまともに写っているんで……」「高田では飲み屋で飲んでばっかりでしたから……」居酒屋のマスターに撮ってもらった写真だった。

絵のリクエストはビールを飲んでいるところ。「ビールが好きなんですよ。いつもビールを飲んでましたから……」

若い人の面影画を描くのはつらい。三十二歳で亡くなる人は、いったい最後に何を言いたかったのだろうか。あまりに短い人生。言いたい事は山ほどあっただろうに……

「いてくれるだけで良かったんだよ……」慎さんが絞り出すように言った言葉に、涙が止まらなくなってしまった。どうしようもなかった。

何でも話せる気の置けない親友。かけがえのない友を失った悲しみ。慎さんにかける言葉がない。せめて、絵の中で親友と語り合えたらと思い、笑顔を忠実に再現した。

この絵が少しでも慎さんの心の空白を埋めてくれれば嬉しい。

慎さんにおくる、かけがえのない親友、洋さんの生きた記録。

洋さんのご冥福をお祈り致します。

八月八日の面影画は菅野明美さん

描いた人　菅野嘉朗《よしろう》さん　七十五歳　父

菅野ヒロ子さん　六十八歳　母

ライム　愛犬

嘉朗さんとヒロ子さんは、嘉朗さん三十三歳、ヒロ子さん二十六歳の時に結婚した。七つ違いの夫婦だった。

嘉朗さんは気仙大工だった。出稼ぎをしていて、年に数度帰ってくるだけだった。埼玉県新座市の建設会社に七十三歳まで出稼ぎで働いていた。

釣りが大好きだった嘉朗さん、定年後は家で釣り三昧の日々を送っていた。夏は鮎。真っ黒になって気仙川の鮎を釣るのが毎日の楽しみだった。

ヒロ子さんは洋裁や和裁をやったり、結婚してからはパーマ屋さんのお手伝いなど、外の仕事もした。料理が上手で、法事や結婚式の時に呼ばれて料理を作る手伝いをすることが多かった。中でも、のり巻きはよく結婚式で作ったものだった。

こうなった今「もったいないなあ、惜しい事をした……」とみんなに言われている。

明美さんが嫁いできてからのヒロ子さんは、台所は何でもやってくれた。仕事から帰ると、美味しいご飯がいつも出来ていた。

「頂きものも何でも、無駄になることなく料理になっちゃうんですよ……」と、今でもヒロ子さんの料理の腕を懐かしむ。

家ではどうやら嘉朗さんよりもヒロ子さんの方が強かったようだ。出稼ぎが長かった嘉朗さんだったから、定年になってずっと家にいられると、なにかと目障りだったのかもしれない。

「掃除するから散歩にでも行ってきて！」言われて出かける嘉朗さん。高田の松原が近くだったので、よく散歩に行った。一日に二回も三回も松原を散歩していた。

嘉朗さんは、家でお酒を飲むと目が厳しいので、釣りに出かける時にお酒を買った。そして、釣りをしながら飲むのが好きだった。

いつだったか、鮎釣りに行って、自転車ごと電柱にぶつかって、自転車を押して帰って来たことがある。明美さんは「あれは飲み過ぎたんだよね……」と思い出し笑いする。

元気なヒロ子さんと物静かな嘉朗さん。夫婦漫才コンビのような会話を覚えている。出稼ぎから帰った嘉朗さんに「今度は、いつ帰るんだい？」「ばか、今帰ってきたんだろ」孫にお土産を買って来た嘉朗さんに「おみやげは形のあるもんでなく銭コでいいんだよ……」「そりゃあ、おめだけの考えだろ！」

アユ釣りから帰って来た嘉朗さんに「ちっちゃい鮎ばっかり釣ってくるんだから！」「だまって焼けばいいんだよ！」「ガス代だって大変なんだから」

まるで漫才のボケとツッコミの話を聞いているようだ。こんな楽しい会話が永遠に聞けなくなってしまった。


三月十一日、明美さんはいつものように七時半に大船渡の会社に向かった。いつも明美さんが出かけたあと、二人が起き出して食事するのが常だった。

ヒロ子さんは近所のパーマ屋さんで茶飲み話をしていた。そこに大きな地震がきた。あわてて家に帰るヒロ子さん。貴重品や身の回りのものをまとめて、避難所になっている市民体育館に向かった。体育館で知り合いと話しているところを見た人がいた。

嘉朗さんは自転車で愛犬のライムを乗せて、やはり避難所の市民体育館に向かった。

巨大な津波が高田の町を呑み込んだ。避難所の市民体育館も例外ではなかった。避難した人すべてが津波に呑まれた。


明美さんは大船渡の会社だった。上司の指示で退避した。その晩は何も出来なかった。わずかにラジオの情報で「高田の町は市庁舎ごと壊滅したようだ……」という言葉だけだった。

ご主人の嘉宏さんはすぐに動いた。若い友人と山を越え、住田町から竹駒に出て、人々が避難している場所を回った。真っ暗な山道を歩いて、高台の中学校や大きな建物を回った。子供二人の無事を確認した嘉宏さん、次は両親を捜す。

夜が明けて一面の惨状に声も出なかったが、周囲が止めるのも聞かず嘉宏さんは見える遺体の一つ一つを確認して回った。まるで地獄だった。普段親と口をきかない嘉宏さんだが、この時ばかりは、何かに取り憑かれたように両親を捜して回った。

しかし、嘉朗さんとヒロ子さんは見つからなかった。

家の跡地には何もなかった。高田の松原すら何もなかった。

まだ嘉朗さんとヒロ子さんは発見されていない。

おととい、菅野家の合同葬儀が行われ、明美さんと嘉宏さんも参加した。まだ遺体は上がっていないが、これをきっかけにしろと言われて、それに従った。「じいちゃん、ばあちゃん、残念です。心配ばかりかけてすみません。家族みんなで力をあわせてがんばっていきます。今まで本当にありがとうございました……」葬儀で二人は泣きながら手を合わせた。本当に大勢の親族が亡くなった。

絵のリクエストはライムを中心に二人が笑っているところ。嘉朗さんには釣りのベストを着せて、というもの。笑った写真はないのだが、絵で描かせてもらう。

この絵が、残された家族におじいちゃんおばあちゃんを思い出させてくれれば嬉しい。

明美さんにおくる、漫才コンビのようだったご両親の記録。

嘉朗さんとヒロ子さんのご冥福をお祈り致します。

八月九日の面影画は阿部ひろみさん

描いた人　福田勝男さん　六十五歳　父
　　　　　福田けい子さん　六十一歳　母

勝男さんは、若い頃東京で働いていた。いろんな仕事をしたが、最終的には実家と同じタイル屋さんで働いていた。

けい子さんは茨城の出身で、小さい時から苦労して育った。長女だったけい子さん、小学時代から魚市場の手伝いをして、ご飯を食べさせてもらうような育ち方をした。

中学を出て東京に行き、家政婦の仕事をしていて勝男さんと知り合った。

二十二歳と十八歳、若い二人だった。ひろみさんはその頃に生まれた。子供が出来て、仕事を安定させたかった勝男さん。実家から「こっちで子供を育てたらどうだ?」という誘いを受け、それに従った。

高田に帰った勝男さんは実家の兄のタイル屋を手伝って働いた。一方けい子さんは、若い嫁だったこともあり、周囲の視線が厳しかった。他郷からの嫁は、土地勘も方言も違い、友だちもいないということもあり、孤立しがちなものだ。けい子さんは歯をくいしばって頑張った。

ひろみさんや、その後に生まれた長男のしつけは特に厳しかった。「誰からも何も言われたくない」そんな思いがけい子さんの胸にはあったのだろう。

勝男さんは五十代の頃、人生の道を迷ったことがあった。たまたま通っていたパチンコ屋さんの主人と親しくなり、景品交換所を手伝うようになった。その後も付き合いは深まり、新規店舗出店の共同出資を持ちかけられた。その話に乗ってしまった勝男さん。

大きな負債を抱えることになってしまった。また、そのことでけい子さんとのいさかいが絶えなくなった。

実家に戻った勝男さんだったが、今度は糖尿病を発症してしまう。腎臓を悪くして普通の仕事はできなくなり、町内会の区長を仕事にするようになった。

いろいろあった勝男さんだったが、子供から見ると、子煩悩でやさしい父親だった。

けい子さんは実家のお花屋さんの手伝いをしていた。前述したように、厳しい環境で生活していたけい子さん。大船渡線の列車を見ながら「これに乗れば実家に帰れるんだといつも思っていた……」とつぶやいた母の横顔を、ひろみさんは思い出す。

そんなけい子さんも四十年も住んでいるうちに高田が地元となり、友だちも増え、自転車で市内を自在に走り回るようになっていた。

お金には苦労したけれど、人生で一番大切な友人に恵まれた。

ひろみさんから見たけい子さんは「逆境に強い人ですね。つらい事があってもそれを周囲に見せずに笑っている人です。父もそれで助けられたと思いますよ……」

子供時代から苦労して育った長女と、のんびりと可愛がられて育った末っ子の違いが如実に出ていた夫婦だった。家の精神的支柱はけい子さんだった。

借金のことでいさかいが絶えなかった二人だが、半年前、ひろみさんの弟の了《りょう》さんが東京から帰ってきて、様子が変わった。けい子さんは勝男さんにやさしくなったのだ。二人より三人とはよく言ったもので、最近はすっかり仲のよい夫婦になっていた。

三月十一日、けい子さんは近所の家に手伝いに出かけた。その日の朝はすごいご馳走だった。「今夜遅くなるから、これを食べておいて」と言い残して出かけたけい子さん。勝男さんと了さんは、けい子さんが出かけてから食事をした。

大きな地震があった。けい子さんはすぐに自宅に戻った。身の回りの荷物をまとめ、避難所になっている市民体育館に急いだ。

市民体育館では区長（防犯協会長も兼ねていた）の勝男さんが避難してくる人を誘導していた。そこに真っ黒い巨大な津波が襲った。高田の町は一瞬で津波に呑み込まれた。

市民体育館は全てが津波に流されてしまった。なすすべはなかった。

子供三人は互いに連絡を取り合いながら両親を捜した。毎日、遺体安置所を回る日々が続いた。そして、三月二十六日に勝男さんが竹駒で、四月二十日にけい子さんが小友《おとも》町で上がった。遺体が上がったといっても、最終的にはその後のＤＮＡ鑑定で確認されたということになる。最初にわかったのはけい子さんだった。翌日、勝男さんが確認された。五月の末の事だった。

「じいちゃんが先に出ると、ばあちゃんに怒られるから一日待ってたんだろう……」などと三人で話した。今度の事では、両親と同居していた了さんの喪失感が特に大きい。

ひろみさんはこの絵を了さんに持っていてもらうという。「両親が一番心配していたのは了のことでした。そして、両親と過ごした時間が一番短かったのも了でしたから……」

了さんの喪失感を埋める事は出来ないだろうが、この絵が少しでも了さんの背中を押してくれれば嬉しい。ひろみさんの、了さんへの思いを込めて描かせていただいた。

ひろみさんにおくる、苦労したご両親の生きた記録。

勝男さんとけい子さんのご冥福をお祈り致します。

八月十二日の面影画は佐々木ヒナ子さん

描いた人　水野　隆さん　六十歳　友人

水野登喜子さん　五十六歳　友人

隆さんと登喜子さんは酔仙酒造に勤めていた。隆さんは工場で、登喜子さんは総務で働いていた。隆さんは今年一月定年で退職し、これから第二の人生が始まるところだった。

隆さんはどっしりと構え、子供とも男同士の付き合いを望む人で、登喜子さんはハキハキしていて、何でも子供にバンバン言う人だった。

ヒナ子さんは、そんなご夫婦と家族ぐるみで付き合い、友人として楽しく暮らしていた。

登喜子さんは、明るく誰とでも話す人だった。何があってもご主人を立てる人で、二人で一緒に出かける事も多く、仲のよい夫婦だった。

そんな登喜子さんだったが、二年前乳がんにかかってしまった。大好きな畑仕事も痛い腕では自由が利かない。そんな登喜子さんをヒナ子さんは手伝って、お互いの畑を行き来して、家庭菜園を楽しんだ。「玉ねぎの苗を作ったから植えない」「今度はこれを作ったから分けるよ」とか、畑の手伝いも楽しいものだった。

最近は定年退職した隆さんが畑の仕事を手伝うようになっていた。

隆さんはスポーツマンだった。足も速く、長年勤めた消防団でも速かった。スキーも大好きだった。定年になり、これから悠々自適の生活が始まるはずだった。長年苦労をかけた妻と温泉に行くとか、奥さん孝行をこれからやろうとしていたところだった。

登喜子さんも、乳がんも落ち着いて、「これから、明るく生きるんだ……」とヒナ子さんに言っていた。みんなで飲んだ時も「これからだよね……」と話したものだった。

三月十一日、隆さんはこの日出かけていたが、昼過ぎに帰って来た。

登喜子さんは酔仙酒造にいた。大きな地震があり、津波警報が出された。メールをやりとりしている登喜子さんに、上司が「トキちゃん逃げないのか?」と聞いた。「お父さんと約束してて、今来るからって……」

夫婦の絆が強い二人だった。そんな二人を黒い大津波が呑み込んでしまった。

隆さんは新築した家ではなくて、元の家の瓦礫の下から見つかった。登喜子さんは小友町の海で見つかった。

ヒナ子さんが持参してくれたのは、二人を火葬した時に使われた写真だった。どこかの居酒屋だろうか、二人が満面の笑みで写っている写真だ。

このままを絵にして欲しいという。ヒナ子さんは、この絵を、残された長男に贈ろうと思っている。両親を亡くして、茫然自失だった長男だったが、最近やっと仕事に行けるようになったそうだ。無理もないことだ。ヒナ子さんの想いを込めて絵を描かせていただいた。

願わくば、この絵が両親を失った喪失感を少しでも埋めてくれれば嬉しい。

ヒナ子さんにおくる、親しくお付き合いした友人ご夫婦の生きた記録。

隆さんと登喜子さんのご冥福をお祈り致します。

八月十三日の面影画は斉藤美津子さん

描いた人　斉藤康雄さん　六十二歳　夫

康雄さんはトラック運転手だった。大型トラックの長距離輸送が主な仕事だった。康雄さんが二十六歳の時に、二十三歳だった美津子さんと結婚した。以来、ずっとトラック運転手をしてきた。美津子さんは一緒にトラックに乗って、熊本まで行ったこともある。

子供は二人の女の子に恵まれた。やさしくて、子煩悩で、真面目な人だった。

縁があって埼玉県の川口に三十年くらい住んでいた。おばあさんが高齢になり、二十八年前に高田に帰って来た。実家の主人が出稼ぎで墓の手入れが出来ない時など、率先して掃除をしたりしてくれた。実家では「本当にいい婿が来てくれて……」といつも言われていた。

家は高田と大船渡の間の梅神《ばいしん》地区にあった。

休みの日は釣りが好きでよく出かけた。碁石海岸でアイナメやアジやチカをよく釣って帰って来たものだった。下の娘がお父さん子で、釣りにも一緒に出かけた。

下の娘は大型トラックに乗っているお父さんが大好きだった。「あたしもお父さんのようなトラックに乗りたい！」と大型免許を取って、トラックに乗るようになった。どこに行くにはどの道を走ればいいのか、とか父親と楽しそうに話す娘だった。

康雄さんは今年一年働けば、定年となり、あとは孫たちと遊べると楽しみにしていた。しかし、今度の津波でその夢が叶うことはなくなってしまった。

三月十一日、康雄さんは、前週一度も帰らずトラックを走らせていて、ちょうど会社に戻った日だった。ローテーションでは帰る日ではなかったのだが、その日はたまたま帰っていた。

地震があった時は会社にいた。みんなと一旦逃げたのだが、第一波の津波が会社の近くまで来たのを見て、トラックを移動させようとして、またトラックに戻った。

エンジンをかけ、方向転換をしていた時に第二波の巨大な津波に襲われた。会社はさかり川のすぐ近くにあった。津波は川沿いに濁流になって押し寄せ、何もかも流してしまった。

康雄さんのトラックは方向転換されていたが、ボンネットのガラスが割れて大きな穴が空いていた。康雄さんはその穴から外に投げ出されてしまったようだ。

川沿いの引き波はものすごい勢いで海に戻る。康雄さんの遺体はまだ発見されていない。

美津子さんは「車のハンドルにしがみついて助かった人もいるので、もっと強くハンドルにつかまっていればとか、シートベルトをしていればとか、つい考えてしまうんですよ……仕方のないことなんですけど……」と涙ぐむ。

絵のリクエストは仕事で乗っていたトラックの横で、笑っている康雄さんを、というもの。美津子さんの思いと、子供たちの思いを筆に乗せて描かせていただいた。

この絵が、少しでもご家族の心の空白を埋めてくれれば嬉しい。

美津子さんにおくる、最愛の夫、康雄さんの生きた記録。康雄さんのご冥福をお祈り致します。

八月十四日の面影画は阿部直安《なおやす》さん

描いた人　阿部麗子《れいこ》さん　五十八歳　妻

直安さんと麗子さんは同じ歳だった。大工をしていた直安さんが、仕事で怪我をして入院した石巻日赤病院に麗子さんが看護師として勤めていた。入院して、ふとしたことから話すようになった二人、話が合うし、若いしで急速に接近した。

そして「まだ若い！」という周囲の声を振り切って、二十三歳の時に結婚した。結婚して三十五年、いろいろあったが二人で力を合わせて乗り切ってきた。本当に仲のよい夫婦で、周囲がうらやむ二人だった。麗子さんはあと二年で定年になり、その後は孫と遊びながらあちこち旅行に行くのを楽しみにしていた。

麗子さんは直安さんにとっては本当にかけがえのない人で、二人で東北中を旅行した思い出は、今はかけがえのない思い出だ。

「夕日を見たい」と麗子さんが言えば、すぐに車を走らせて日本海まで走る。「蕎麦が食べたい」と言えば、すぐに山形まで走って、美味しい蕎麦屋を探す。そんな具合だった。

中でも男鹿半島で見た夕焼けの見事さ、なまはげ太鼓の勇壮さ、竜飛岬のウニ丼や海鮮丼の美味しかったことなどが懐かしく思い出される。

行き当たりばったり、車で走り、泊まる所を探す旅だった。どこに行っても二人でいれば満足だった。最近は家族で旅行する事が多くなったが、麗子さんが「お父さん、今度また二人で旅行したいね」と言い、直安さんが「ああ、この仕事が終わったら行くべ！」と応えていた。

麗子さんは、人の悪口は言わないし、誰にでもやさしく、恨みつらみは一切言わない、心の広い人だった。

料理も上手で、テレビで見た料理をすぐに自分流に作り直して出したものだった。花も好きで、盆正月の生け花も上手だった。着物の着付けを自分で勉強して着てしまう人でもあった。自宅には麗子さんお気に入りの着物がたくさん残されている。

「大事なものをいっぱい残してくれた……」直安さんの目から涙がこぼれる。

病院でも慕われていた。上司の信頼も厚く、この四月から婦長になることが決まっていた。

三月十一日、二人は仕事だった。直安さんが一足早く出かけた。この時にハグしてやれなかったことがいまだに悔やまれてならない。

麗子さんは雄勝病院に勤めていた。そして、勤務中に地震が起きた。麗子さんは三階建ての入院病棟にいた。津波警報が出た。「山さ逃げた方がいいよ！」と言われ「入院患者さ放っといて逃げられねべ！」と応えた麗子さん。入院患者を三階に移す指示をして、先頭で動き回っていた。そこに、誰も想像しなかった大きさの津波が襲った。

「俺のことや孫達のことさ考えて、逃げてくれれば良かったのに……」直安さんは絞り出すような声で言う。「でも、麗子さんの立場では逃げられないでしょう……」「また、先に逃げるような人じゃないでしょ……」涙をぬぐいながら直安さんもうなずく。

直安さんにとっては人生の全てだったのかもしれない。「全てのものをなくした悔しさと悲しみ……」と自分で言う。三月十一日以降、悲しみが増すばかりだという。

五十八歳、同じ歳の男として、妻を失う悲しみがどれほどのものか、少しはわかる気がする。

「俺にとっても、家族にとっても本当にかけがえのない人だったんだ……」

しかし、このまま悲しみに浸っていると危険だ。悲しみは、全てのものを遮断してしまう力を持っている。悲しみに浸りすぎると、周囲と意思疎通が出来なくなり、鬱になったり心の病につながっていく。

麗子さんがそれを望んでいるはずもなく、直安さんは悲しみに浸るという行為を、少しでも短い時間にするように努力しなければならない。麗子さんを思うことと、失ったことを悲しむことは違う。そこを分けられるようになって欲しい。

この絵を依頼することによって、自分の気持ちを変えたいのだという。絵にどれだけの力があるかわからないが、直安さんの思いに応えたい。

直安さんにおくる、最愛の妻、麗子さんの生きた記録。

麗子さんのご冥福をお祈り致します。

八月十五日の面影画は大友潮香《しおか》さん

描いた人　義弟《おとうと》　四十二歳

義弟《おとうと》と義妹《いもうと》は、五年前に結婚した。名取市閖上《ゆりあげ》地区に家があった。仙台空港の近くだった。二人には男の子が一人いた。

義弟はスポーツマンで、アウトドアの遊びが好きだった。キャンプやスキーは毎年出かけた。子供と一緒にスキーを楽しむ姿は、子煩悩な父親そのものだった。

義妹は妊娠していた。そして、三月十一日昼に女の子を出産した。義弟は清掃車のドライバーをしていたのだが、この日は仕事を休んで病院に来ていた。

生まれた我が子を抱いて、一緒に写真を撮った。そして、名取市の市役所に出生届を出しに行った。窓口の係の人が義弟を記憶していた。

そこに、大きな地震がきた。義弟は閖上の家に急いで帰った。津波警報が出ていた。近所の人と家の前で立ち話をし、家の中に入って行ったのが最後の姿。近所の方が、後日そう教えてくれた。仙台空港までが呑み込まれる巨大な津波だった。閖上の家は何もかも流されてしまった。

義妹の入院していた病院も大変なことになっていたが、詳しい事がわからず、周囲の人はあえて義弟の話をしないようにしていた。

かけつけたお父さんが義妹を自宅の跡に連れて行った。その時、何も知らなかった義妹は全てを理解した。何もかもなくなった家の跡を見て「覚悟した」という。

義弟と車はずいぶん離れた場所で見つかった。車には通帳などが入っていた。

我が子が生まれた日に、理不尽な災害で命を落とす。その悔しさは計り知れない。義妹は淡々と現実を受け入れているように見えるが、落ち着くとともに、失ったものの大きさを知る。

この絵にどれだけの力があるかわからないが、少しでも義妹の心の空白を埋めてくれるようになれば嬉しい。

潮香さんにおくる、義弟さんの記録。

義弟さんのご冥福をお祈り致します。

八月十六日の面影画は佐藤祥子さん

描いた人　森岡秀二さん　五十二歳　父

秀二さんはヤンマー高田支店の支店長だった。農機具の販売をしていた。家は水沢で、単身赴任で働いていた。高田には一年前に来た。その前は水沢↓北上↓水沢と転勤が続き、北上を立て直した実績を評価されて、高田に支店長として赴任した。

奥さんは睦子さん。睦子さん二十四歳、秀二さん二十五歳で結婚した。子供は、長女、長男、次男の三人に恵まれた。子供たちに言わせると、やさしい父さんで、酔うと落ち着きがなくなる「ふにゃふにゃ動く」お父さんだったらしい。飲む時以外は静かな人だった。

「こう見えても、若い頃はバイクに乗って、ならしたもんだ……」という父の昔話を、子供たちはよく聞かされた。

普段は単身で高田で働き、週末に水沢の家に帰ってくる生活だった。

三月十日、たまたま用事があって家に帰ってきた。ナビが欲しいという子供の願いで、ナビを届けに来たのだ。約束を守る父だった。

用事を済ませると、そのまますぐに帰った。「雪が降ると途中の山道が大変なことになるから……」と言って高田に向う姿が、家族が見た最後の姿だった。

三月十一日、秀二さんは高田支店で働いていた。

大きな地震があった。秀二さんはすぐに所員全員の安否の確認をする。安否の確認が出来たところで、避難の行動に移る。津波警報が出ていた。支店を車で出て、渋滞にはまってしまったところまで目撃者がいる。三人一緒に逃げたという話を聞いている。

そして、高田の街全体を呑み込んでしまう津波が襲ってきた。支店は高田高校の近くにあった。車は、避難所だった市民体育館に向かっていたはずだと子供たちは言う。

津波は、その市民体育館ごと押し流し、避難所にいた人の多くが流された。

秀二さんは「薮屋の向かい」で発見された。山に近い所で、瓦礫の中から発見された。車はまだ見つかっていない。

絵の依頼は、長女の祥子さんと長男の貴祥《たかよし》さん、次男の貴紀《よしのり》さんが来られた。水沢から一時間半かけて、亡き父の面影画を依頼に。

絵のリクエストは父と母を並べて描いて欲しいというもの。亡くなった人と存命中の人を一緒に描くのは嫌がる人もいるが、三人は「ぜひお願いします……」ということで引き受けた。秀二さんの面影をしっかりと画用紙に定着させたい。

この絵が三人の子供たち、二人の孫たちに、秀二さんを思い出してもらえるきっかけになってくれれば嬉しい。

祥子さん、貴祥さん、貴紀さんにおくる、やさしかったお父さんの記録。

秀二さんのご冥福をお祈り致します。

八月十八の面影画は菅野朋子《ともこ》さん

描いた人　菅野幸徳《ゆきのり》さん　三十九歳　夫

幸徳さんは漁協の職員だった。若い頃は東京の築地にある全水加工連で七年間くらい働いていたこともある。高田に戻り、漁協の運営するガソリンスタンドやアワビセンター、養殖の卸、販売課など様々な仕事をこなし、現在は漁協の運営する定置網の事務職に従事していた。

知人の紹介で朋子さんと知り合い、交際を重ね結婚に至った。記念日を忘れないようにと、十二月三十一日に入籍したことは良い思い出だ。

結婚式は自宅でやった。朋子さんの実家に「嫁迎え」に行くという、昔ながらのしきたりで行われた。「嫁迎え」は仲人さんを先頭に、赤い酒樽と赤いキンキ二枚を捧げて行列で行く。お嫁さんの家で三献を済ませ、お嫁さんはしずしずと行列にしたがって新郎の家に向かう。

新郎の家では玄関から入れるのはお嫁さんだけで、他の人は縁側から上がる。そして披露の宴会が始まる。実際の披露宴は高田のキャピタルホテルで行ったのだが、式は実家で挙げた。

朋子さんにとって何もかも新鮮な、昔ながらのしきたりだった。

朋子さんの家には大きなヤエザクラがあり、五月の結婚式だったのにもかかわらず、ヤエザクラが満開だったことをよく覚えている。いつもよりずいぶん早い満開だった。まるで結婚式に合わせてくれたようだった。

持参してくれた結婚式の時の写真がある。奥に朋子さんが玄関から入るところが写っており、手前に正面を向いた幸徳さんが、やや緊張した面持ちで写っている。

「正面を向いた写真がこれしかなくて……」「これ、妹さんが撮ったんですよ。妹思いの人だったので、気を許して正面から撮らせたんだと思うんですよね……」

他の人の写真はいっぱい撮るのに、自分の写真はない人だった。

結婚してから二人であちこち旅行に行った。幸徳さんは温泉が大好きだった。秋田の乳頭温泉は、全温泉を制覇した。角館も好きだった。弘前の桜を見に行ったのは最近のことだ。

リアス式海岸の道をずっと走って青森まで行ったこともある。いつも二人は一緒だった。

生活の上でも朋子さんは幸徳さんに頼り切っていた。家電やパソコンや車の知識が豊富で、何でもわかる人だった。みんなにやさしい人で、みんなから慕われた。大きな声で笑い、場を和ませる心配りをする人でもあった。

三月十一日、定置網へは通常朝三時過ぎには出かけるのだが、この日、定置網はドックに入っていたため、五時過ぎの出勤だった。

大きな地震があった。朋子さんは心配になり携帯に電話したが幸徳さんは出なかった。忙しいのだろうと思って、朋子さんもそのままにしておいた。

そして、津波警報が出て、巨大な津波が高田の町を襲った。海岸線はひとたまりもなく津波に呑み込まれた。

幸徳さんは消防団に入っていた。あねは橋のたもとに分団の本部があり、そこに向かったと思われるが、そこにいた人はみな被災して、帰らぬ人となってしまった。

高田の町だけで消防団員が五十人も亡くなってしまった。

幸徳さんも車もまだ発見されていない。

後で朋子さんが携帯電波復活と同時に確認したところ、幸徳さんから最後のメールが入っていた。

「PM3:00 だいじょうぶか?」それが最後の言葉だった。

八月四日、お盆に入るからということで内々で葬儀を執り行った。誰にも連絡しなかったにもかかわらず、漁協の人ほとんどからひとりひとりのお悔やみをもらった。

本当に人望のあった人だった。


話す間ずっと朋子さんは泣いていた。

無理もない、二年十ヶ月の結婚生活。生まれたばかりの長女を残して、三十九歳で夫が亡くなる。こんな不条理な話はない。何もかも依存していた、理想的な夫が、突然帰らぬ人になってしまった現実を、朋子さんはまだ受け入れられない。

でも、確実に次の一歩を歩き出さなければならない日が来る。幼な子を育てるひとりの母として。その時に、この絵がそっと背中を押してくれれば嬉しい。

朋子さんにおくる、最愛の夫、幸徳さんの生きた記録。

幸徳さんのご冥福をお祈り致します。

八月十九日の面影画は佐藤　勇さん

描いた人　佐藤千代子さん　八十三歳　母
松川佳音《かのん》　二歳　孫
トラ　三歳　猫

千代子さんは三年前まで畑仕事をするなど元気だった。自転車にも乗ってあちこち出かけていたほどだった。三年前に膝を悪くして歩けなくなり、それから急に老け込んだ。老いは足から来ると言われているが、まさにその通りだった。

勇さんはあちこちの医者に見てもらったが、医者は高齢だし手術などもすすめられないと言うばかりだった。出かけるときは勇さんか弟さんが運転する車で出かけていた。病院の通院もそうだった。千代子さんは誰にでもやさしく、他人の悪口などは言わない人だった。近所の友だちも多く、行ったり来たりして話し込む事も多かった。

トラは一年前から家にいる。勇さんは建設業の仕事をやっていて、県北の工事現場でのことだった。小さい猫が現場に入り込んできた。所長は「猫に餌をやると居着くからやるなよ」と言っていたのだが、誰かが餌をやっていたと見えて、子猫はそこに居着いてしまった。

居着いてみると可愛くなり、それから二年間三カ所の現場を一緒に回った。

家に連れて帰ったら、最初怒っていた千代子さんもトラを可愛がるようになり、結局飼う事になった。秋に連れて来て、一冬でむくむくと大きくなり、すっかり貫禄ある猫になってしまった。勇さんがどこに行くにも付いてくる可愛い猫だった。

「顔は可愛くないんだけど、可愛いんですよ……」と勇さんの顔がほころぶ。

かのんは二歳。娘が毎日連れて来て、勇さんにもすっかりなついて可愛い孫だった。目に入れても痛くないと、勇さんが自分で言うくらい可愛かった。

夕方帰る時には泣いて帰りたくないという、そんな仕草まで可愛くって仕方ない孫だった。

「かのんのことを言うと、自分がまだ耐えられないので、このくらいで……」勇さんの目が潤んでいた。

三月十一日、勇さんは仕事で仙台にいた。国土交通省で打ち合わせをしているところに大きな地震が来た。すぐに家に帰ろうとした。普段なら一時間で帰れる距離だが、七時間かかってやっと家の近くまで帰って来た。夜の八時半になっていた。あたりはもう真っ暗だった。

「家なんかひとつもねえぞ……」呆然とする勇さん。友人に「津波が来るから行っちゃだめだ！」と止められ、その晩は近くまで行けなかった。

翌朝、娘婿と二人で見に行った。家は土台もなにもかも流されて、何もなかった。高台にあった弟の家も津波にやられた。家の屋根まで津波に洗われていた。高台の避難所も流された。避難していた人の半数以上が流されたという。

そして、その中に千代子さんもかのんも娘もトラもいた。娘さんは誰かが投げた紐につかまって奇跡的に翌日水の中から助けられたが、千代子さんとかのんはそのまま流されてしまった。

六百人くらいの集落だが、百人くらいが一瞬で亡くなってしまった。

勇さんは守るべきものを全て亡くしてしまった。心のダメージは想像以上に大きい。当初は「おふくろとかのんを何としても捜さなくては……」と必死だった。泥をかき分け、家に帰ったらすぐ倒れるように寝てしまう毎日だった。

千代子さんは近くで見つかった。一ヶ月後、かのんも発見された。近くだった。トラもこの辺にいるはずだ……と捜したらトラも見つかった。

勇さんは仕事に戻った。建設業は忙しかった。ひとりで何もかもやっていたが、人手が戻って来て、任せるようになってきた。そんな余裕が出来てからの方がつらかった。時間が空くと、かのんや千代子さんの事を考えている自分がいた。

そんな時はもうだめだった。気持ちが沈んで、いたたまれなくなってしまう。

「こんなことがあっていいのか……」誰に言うともなく、つい口から出てしまう言葉だ。

定年後に楽しもうと集めた大量の盆栽も、全てがなくなってしまった。しかし、佐藤家の長男として、実家を再生するという大仕事が出来た。今は、その目標に向かって一歩一歩進むしかない。

絵のリクエストは千代子さんがかのんを抱き、傍らでトラが寝ているところを、というもの。

「みんなが一緒のところを……」という勇さんの気持ちが良くわかる。

この絵が少しでも勇さんの心の空白を埋めてくれれば嬉しい。

勇さんにおくる、母とかわいい孫とトラの記録。

千代子さん、かのん、トラのご冥福をお祈り致します。

八月二十日の面影画は中山忠人《ただと》さん

描いた人　中山晴美さん　四十八歳　妻

　　モモ　　　　　　　　愛犬

晴美さんは看護師だった。明るくて、誰からも慕われる看護師だった。人の世話をするのが大好きで、民生委員をやっていた。

元気の良い人で、友達も多く、とにかく顔が広い人だった。子供たちも友達の両親の顔を覚えていて、教えてくれたりするので母親の顔の広さに驚かされていた。

晴美さん二十二歳、忠人さん二十三歳の時に結婚した。子供は三人の女の子に恵まれた。三人とも明るい朗らかな子に育った。みな晴美さんの影響を受けて育った。笑顔と笑い声の絶えない家庭だった。

晴美さんは家でも元気だった。犬が大好きで、次女が散歩はあたしがするから、ともらって来た犬を可愛がり、朝の散歩は忠人さん、夕方の散歩は晴美さんがいつの間にか担当するようになっていた。家には十歳のモモと三歳のモルツがいた。外で飼うはずだったのに、「寒いだろうから……」などと晴美さんが家の中に入れ、そのまま部屋で飼うようになってしまった。

花が好きな人だった。ナチュラル指向の趣味を持つ晴美さん。ガーデニングという言葉通りの花壇でなく、自然志向の庭作りは娘達には雑草を育てているようにしか見えなかったという。

雑貨も大好きだった。家の中にはエッフェル塔の雑貨がたくさんあった。

スポーツ観戦も好きだった。テレビでサッカーを応援するのだが、晴美さんが応援するとチームが負けてしまうジンクスがあって、どうしても勝って欲しいときは「母さんが見てると負けちゃうから」と、台所で娘たちの実況中継を聞くようなこともやっていた。

娘たちの話によると、サッカーそのものより、どうやらイケメン選手の動向に興味があったらしい。

「まったく、お母さんらしいよね……」と娘たちは笑う。

忠人さん曰く「サザエさんのようだった……」何となく晴美さんの人物像が浮かんでくる。晴美さんに似た娘たちの明るさに、忠人さんは助けられている。

料理も上手だった。長女曰く「ほめられると調子にのるんですよ……」友達が唐揚げを「美味しい」と褒めてくれたら、次回から必ず唐揚げが出て、得意料理ということになっていた。

にぎやかで楽しく、明るい人だった。

三月十二日は次女の引っ越しが予定されていた。晴美さんは張り切ってカーテンを揃えたり、家具のことを心配したりしていた。

その前日、ありえない震災で、次女の引っ越しを手伝う事なく晴美さんは他界してしまう。誰もが惜しむ人が亡くなってしまった。

三月十一日、晴美さんは自分のかかりつけの病院に行っていた。無事に検査が終わり、忠人さんとメールで会話した。「病院終わったよ」「良かった、こっちも異動はなかったよ」「そう、良かった」それが忠人さんとの最後の会話だった。

晴美さんはスーパーで親戚の人と会っている。地震のあと、近所のおばあさんを助けて避難所まで運んだ。そして「まだ助ける人がいるから！」と避難所だった公民館を後にした。

忠人さんは小さい声で「せっかく避難所にいたんだから、そのままいてくれれば良かったのに……」本当にそれが本音だと思う。

民生委員だった晴美さん。看護師だった晴美さん。自分が助かる事よりも、人を助けるために戻り、被災してしまった。

晴美さんは二週間後に見つかった。車も見つかった。車の中には晴美さんのカバンがそのまま残されていた。家族三人の写真、モモの写真が入っていた。

忠人さんが持参してくれた何枚かの写真。その中の一枚に二人が並んでモモとモルツと一緒に写っている写真があった。後ろに広がるのは高田の松原。年賀状用にと撮った写真だ。

この写真を参考に、晴美さんとモモを描く。

忠人さんは悲しみをことさら口にしない。思いは当然あるのだが、娘たちが明るく晴美さんの思い出話をしてくれるので、それに乗っている。

ともすれば崩れ落ちそうになる気持ちを、娘たちが敏感に支えている。やさしい娘たちに守られて、忠人さんは前を向いていられる。すばらしい家族だ。みんなで痛みを共有している。

この絵が家族の心の空白を少しでも埋めてくれれば嬉しい。


忠人さんと三人の娘たちにおくる、素晴らしいお母さんの記録。

晴美さんのご冥福をお祈り致します。

八月二十一日の面影画は伊藤眞喜子さん

描いた人　伊藤　希《のぞみ》さん　二十四歳　娘

希さんは小さいころ病弱だった。そのせいで父、母、姉、親戚みんなで守るように育てたものだった。

やがて体力もつき、小学、中学とバレーボールをやった。高校時代は吹奏楽部に入り、三年間クラリネットを吹いた。みんなと一緒にやりとげることに喜びを見いだしていた。

山梨の大学に行き、「フィールドノート」という地域交流誌の編集サークルの活動を通じ、恩師、友人を得、豊かな時間の過ごし方を学んで帰郷する。

「東海沖地震や富士山の爆発にも遭わないで、無事に帰ってこられて良がったね」

「お母さん、日本という国はね、どこにいても地震や津波の被害に遭ってもおかしくないんだよ」

と二人で交わした会話を眞喜子さんは複雑な気持ちで思い出す。

三月十一日、眞喜子さんは勤め先の事務所にいた。大きな地震があり、心配になった眞喜子さんのところに、三時十九分「大丈夫だよ」という希さんのメールが入った。希さんは博物館で働いていた。近くに大きな体育館が避難所としてあったので、そこに逃げれば大丈夫だろうと眞喜子さんは思っていた。

しかし、事態が尋常でないことは避難して来た人の話で徐々にわかってきた。後から聞いた話では、希さんは体育館に避難して来る人を誘導していたのだ。津波が襲った時は外にいたのだろうか……その体育館では天井近くに摑まって三人だけが助かったが、あとの人は皆流されてしまった。

父は翌日からリュックサックに希さんの着替え一式を入れて、自転車を押して周辺を探して歩いた。三月十八日早朝、希さんが父親の夢枕に立った。

「おそがったなあ……」と言うと「体育館の時計塔の所でぐるぐるぐるぐる廻ってようやく着いだの……」と話したという。

この日、希さんはやっと遺体安置所で家族に会うことができた。希さんは、前日に酔仙酒造の北側五十メートルの所で見つかっていた。着ていたダウンジャケットが良かったのだろう、寝ているような顔だった。後日、清流矢作川の水を汲み上げ、きれいにしてもらっていたのだと聞かされ「一生お礼の気持ちを忘れません……」と眞喜子さんはいう。

希さんの遺品の中に「感謝状」があった。

『あなたの図書館業務に対する情熱がすごい。さわやかなポニーテールで出勤、ただちにエプロン姿に変身、館内清掃、本日の段取りと忙しく日課が始まる………』

「一年雇用の娘へ、図書館長さんがかなり『よいしょ』して下さったのでしょう。娘は恥ずかしくてしまっておいたのだと思います。皆さん静かなる情熱を秘めた人達でした……」と眞喜子さんは懐かしそうに話す。そんな博物館の職員、図書館の職員全員が亡くなってしまった。

眞喜子さんは言う「せめて絵の中でウエディングドレスを着させてあげたいんです……」面影画のリクエストだ。その気持ちは痛いほどわかる。まっ白いウエディングドレスを着て、微笑んでいる希さんを描かせていただいた。

あまりにも早い死、これから幸せになるはずだった娘を突然失った悲しみは大きい。

眞喜子さんの心の空白を埋めることは出来ないが、この絵が少しでも痛みを薄めてくれればと思う。

眞喜子さんにおくる、愛する娘の生きた記録。

希さんのご冥福をお祈り致します。

八月二十三日の面影画は佐々木ルミ子さん

描いた人　柴田フサ子さん　六十四歳　姉

フサ子さんとルミ子さんは、二つ違いの二人姉妹だ。子供のころからフサ子さんは落ち着いていていておとなしく、いつも褒められていた。妹のルミ子さんはにぎやかで、姉が褒められるのを嫉妬してよく喧嘩をしたものだった。

歳も近かったので、いつも一緒に遊んでいた。ルミ子さんにとって姉は、尊敬するあこがれであり、目の上のたんこぶでもあった。そして、かけがえのない存在だった。

フサ子さんが結婚した相手は船乗りだった。遠く外国まで行く、遠洋漁業の船乗りであり、無線士だった。年に一度か二度しか帰って来ない主人を待ち、家を守るのがフサ子さんの仕事だった。

子供は長女と長男の二人に恵まれた。家は、高田の駅通りにあった。昔は旅館をやっていた家だったが、今は廃業している。

フサ子さんは食通で、お取り寄せグルメが大好きだった。近所の人に配って喜ばれていた。食べ歩きも好きで、娘とよく温泉旅行に行っていた。実家にずっといることから、友達も多かった。みな、昔からの長い付き合いだった。

三月十一日、フサ子さんは美容院をやっている親友のところに挨拶に行っている。今から考えると、お別れに行っていたとしか思えない。

大きな地震があった。ルミ子さんは姉にメールを入れた。その返事は「もの落ちただけだから大丈夫だよ」というものだった。

津波警報が出た。防災無線で三メートルの津波が来る!と言っていた。近所の人が「逃げた方がいいよ!」と言ったが、フサ子さんや近所の人は「このくらいなら大丈夫」「チリ地震の時だって大丈夫だったんだから……」と誰も逃げようとしなかった。

警報と同時に逃げれば、充分逃げられる時間はあったのだが、みんな逃げようとしなかった。そこに黒い巨大な津波が襲った。高田の町は一瞬にして津波に呑まれてしまった。

この日、仙台に住んでいるフサ子さんの娘は母の言いつけでケーキを買いに行った。その時に津波が来て、アパートが流された。娘はケーキを買いに行っていて無事だった。フサ子さんが娘を助けた、とルミ子さんは思っている。

フサ子さんは三月十九日、小友で発見された。確認されたのはDNA鑑定で三月末だった。

ルミ子さんは来る日も来る日も歩いて捜した。何度も見た遺体だったが、最終的には娘のDNAでの確認になった。本当に地獄のようだった。

実家の避難所は市民会館だったが、市民会館そのものが津波に襲われ、避難していた人を含め、九人しか生き残っていないという惨状。誰も、あんな大きな津波は想定していなかった。

「ルミちゃん、ルミちゃん」と呼んで可愛がってくれた姉はもういない。ルミ子さんが持参してくれた写真は二枚。五年前のクリスマスで写したというフサ子さんの写真。そして三十年前の若いフサ子さんの写真。

「何もかも流されてしまって、これしか残ってないんです……」

絵のリクエストは、明るい色のVネックセーターを着て笑っているフサ子さんを、というもの。にっこり笑ったフサ子さんを描かせていただいた。

理不尽な災害で肉親を突然失う悲しみは、徐々に薄れてゆくかもしれないが、喪失感は徐々に大きくなる。この絵がルミ子さんの心に生まれる空白を少しでも埋めてくれれば嬉しい。

ルミ子さんにおくる、二つ違いの姉さんの生きた記録。

フサ子さんのご冥福をお祈り致します。

八月二十五日の面影画は伊藤　彰さん

描いた人　松下毅宏《たけひろ》さん　六十七歳　知人

毅宏さんは五年前まで銀行に勤めていた。定年になってからは、好きなゴルフを楽しむ悠々自適の生活をしていた。

ゴルフの大会にも出るくらいの腕前で、最近はハイブリッド車に替えてゴルフに行くのも更に楽しくなっていたようだった。

家は気仙沼市にあり、子供は長男長女に恵まれている。今は二人の孫と遊ぶのが何より楽しみで、生き甲斐にもなっていた。小さい子は昔から大好きで、親戚の子供たちをよく可愛がっていた。孫が出来て、子供好きに拍車がかかったようだった。


三月十一日、毅宏さんは出先から娘さんと幼稚園の孫を迎えに向かった。津波警報が出て、道路は避難する車と人でごった返していた。毅宏さんは「お前だけでも先に行け！」と娘さんを車から降ろして幼稚園に向かわせた。

幼稚園に向かった娘さんが見たものは、水路から溢れ上がってくる津波だった。必死で首まで水に浸かりながら近くのマンションに逃げ込んだ。

目の前を車や家がギシギシと音を立てながら流されてゆく光景はこの世のものとは思えなかった。

娘さんは毅宏さんと携帯で連絡を取った。「車に水が……」というのが毅宏さんの最後の言葉だった。

奥さんの勤務先は一時七百人もの人が避難してきて、大変な状況だった。娘さんは連日、避難所を回って毅宏さんを捜した。埼玉にいた息子さんも帰って来て父を捜した。

そして、震災二十二日後、毅宏さんの誕生日前日、なんと息子さんが毅宏さんを発見した。

車が折り重なるように流されていた場所に、毅宏さんの車があった。そして、その中にシートベルトを付け、運転席でハンドルを握ったままの毅宏さんがいた。震災二十二日後に、息子が見つける……まるで奇跡のような出来事。

奥さんは言う「息子に最後の親孝行をさせてあげるなんて、立派な最後でした……」息子に親孝行させるために待っていた毅宏さん。そうとしか思えない巡り合わせ。

家族の喪失感は大きい。彰さんは親しい友人として、お世話になった恩人の家族に面影画をプレゼントしようと申し込んだ。少しでもみんなが元気になれれば、という彰さんの思いを込めて絵を描かせていただいた。

彰さんにおくる、お世話になった毅宏さんの記録。

毅宏さんのご冥福をお祈りいたします。

八月二十六日の面影画は中村美紀子さん

描いた人　中村正男さん　六十歳　夫

正男さんは数年前までスーパーの店長をやっていた。大勢の人をまとめ、お店を運営するのは難しい仕事で、大変だった。店長時代の正男さんは、多いときは釜石のお店で百人の部下を指導していた。高田や大船渡の店にもいたことがある。女性の多い職場なので、相談事なども多く、神経を使う仕事だった。

その仕事を定年で退職し、最近は市の区長をやっていた。

定年後は趣味を真剣に追求する生活だった。陶芸教室に通い、陶器の花瓶や茶碗を作る事が楽しみだった。正男さんの作品が家にはたくさんあったが、今回の津波で何もかも流されてしまった。

太極拳もやった。こちらは夜の教室だった。体が堅かった正男さんにとっては苦痛を伴う趣味でもあった。しかし、体を鍛え、健康に気を使っていた正男さんだった。

家は高田市内の駅近くだった。子供は女の子二人に恵まれ、孫も二人いる。孫の成長を何より楽しみにしていた正男さん。長女の名前はＮＨＫの朝ドラから付け、次女の名前は、生まれた時にすぐ付けたという人でもあった。

良い父親であり、楽天家でやさしい人だった。友人も多く、みな「いい人だったね……」と言ってくれた。


三月十一日、区長だった正男さんはその日、たまたま二人組でパトロールする日だった。本当は違う日だったのだが、相手の都合でこの日になった。この日は歩いて巡回するコースで、マイヤの前で待ち合わせると言って、家を二時に出かけた。

美紀子さんは家にいた。そして、大きな地震が来た。家では物が散乱し、防災無線で何か放送していたようだったが、美紀子さんにはわからなかった。

美紀子さんは向かいの病院に行き、そこの人たちと高台に逃げた。一旦逃げたところに下から下半身ずぶぬれの男の人が上がって来て「ここは危ない！もっと高い所に逃げろ！」と言ったので、山を越えて逃げた。山を越えて逃げたので、美紀子さんは津波を見ていない。

その後の混乱はひどかった。避難所を回り、遺体安置所を回り、美紀子さんは必死に正男さんを捜したが、まだ見つかっていない。


今、美紀子さんは姉の家に身を寄せている。三百坪もある畑の手伝いをしながら、正男さんが発見されるのを待っている。

震災はまだまだ続いているのだ。

「何もかも流されちゃったから、写真がこれしかなくて……」と美紀子さんが差し出したのは、陶芸教室での一枚のスナップ写真。楽しそうな仲間と一緒の写真だった。

絵のリクエストは、チェック柄のシャツを着て微笑んでいる正男さんを、というもの。

美紀子さんの心の中にいる正男さんを絵にしてあげたいと思った。
美紀子さんにおくる、がんばって生きたご主人の記録。
正男さんのご冥福をお祈り致します。

八月二十七日の面影画は小山《おやま》悦子さん

描いた人　小山史織《おやましおり》さん　十七歳　娘

史織さんは将来を嘱望されたサッカー選手だった。兄の影響で、小学三年生からサッカーを始めた史織さん。足の速さと、天性の素質を開花させ、みるみる頭角を現す。

小学六年生で県選抜。中学三年生の時に国体選抜チームに選抜された。男子に交じってもその才能と技術はひけを取らなかった。

高校は大船渡高校、鹿島アントラーズの小笠原選手の母校でもある。このサッカー部に初めての女子選手として入部した。

一方、女子チームとして水沢ユナイティッドＦＣに加入し、ここでプレーをしていた。

サッカーで明け暮れていた学生生活だったが、悦子さんは「転機があったんですよ……」と語る。その転機とは、中学の時ナショナルトレセンに呼ばれたこと。サッカーのエリート養成コースに乗ったことになる。

しかし、二回目のトレセン招集に史織さんは参加しなかった。学校の文化祭と重なったからだ。史織さんはピアノもやっていて、歌の伴奏や劇の音楽を担当していた。史織さんはサッカーエリートの道を自ら降りた形になった。

学校の友達や、学校での自分の役割を果たすことを優先した。もちろん、たまたま行事が重なっただけで、サッカーを止めた訳ではない。それが証拠にその後も代表に選抜されるなど関係者の目には将来を嘱望されていた。

ただ、両親の胸の中には「あの時トレセンに行っていれば、史織も違った人生があったかもしれない……」こうなってから、あらためて思う転機でもあった。


三月十一日、悦子さんと史織さんは高田市内にいた。大きな地震があり、避難所となっている市民会館に避難した。ところが、誰も想像しなかった大きさの津波が市民会館を襲う。

避難した人々もその津波に呑み込まれてしまった。

悦子さんは史織さんと手をつないで逃げた。津波に呑み込まれ、手が離れてしまった。「おかあさん」という史織さんの声とともに。

悦子さんは必死にもがいた。奇跡的に流れがゆるやかな所に出て、泥の中から救出された。その様子はＮＨＫに放映されていた。

三月十五日、史織さんは遺体で発見された。県選抜の十番を付けたエースストライカーは帰らぬ人となってしまった。

この様子を、日刊スポーツの三月二十八日号が裏一面で特集している。見出しは以下の通り。
・つないだ母の手離れ「おかあさん」の声残し波に……
・震災四日後遺体で発見『未来のなでしこ』女子高生
・小笠原の後輩、岩手県選抜エース小山史織さん
・大船渡の紅一点　・中三から県選抜　・荒川サイン宝物

悦子さんが言う「最初のころはいろいろあってゴタゴタしていたので、その日を過ごすのがやっとだったんですけど、こうして少し静かになって、涼しくなって時間が空くとダメなんですよね……思い出しちゃって……」

史織さんの部屋はまだそのままになっている。家の中には史織さんの思い出がいっぱいだ。何を見ても、何をしても娘を思い出してしまう。

友達のように何でも話していた。毎日の娘の成長が楽しかった。

「家がなくなった人も大変ですけど、家に何もかも残っていて本人だけがいないのは本当につらい……」悦子さんの涙が止まらない。私もかける言葉がない。

「まだ、ふらっと帰ってくるような気がしてならないんです……」「いつ帰って来てもいいように、毎日しているんですよ、おかしいですよね……」

けしておかしいことはない。亡くなってしまい、体はなくなってしまったかもしれないが、史織さんはまちがいなくいる。悦子さんが思い出している時はそこにいる。

だから、いっぱい思い出してあげることだ。悲しむこととは別に、思い出してあげることだ。ずっと悲しみ、泣いている母を史織さんも望んではいない。

絵のリクエストはサッカーをしている史織さん。水沢ＵＦＣのユニフォームを着て、笑顔でサッカーをしている史織さんを描かせていただいた。未来のなでしこジャパンエースの姿を。

この絵が少しでも悦子さんの心の空白を埋めてくれればうれしい。

悦子さんにおくる、最愛の娘、史織さんの生きた記録。

史織さんのご冥福をお祈りいたします。

八月二十八日の面影画は砂田光照《みつあき》さん

描いた人　砂田恵美子さん　五十歳　母

恵美子さんは忙しい人だった。花が好きで、家の玄関にたくさんの鉢花があった。その手入れが忙しかった。畑もやっていた。二つの畑で野菜を作り、家族の食事を作った。

実家のワカメ養殖の手伝いもしていた。夜も遅くまでアイロンかけやつくろいものをしていて、十二時ころまで働いていた。それでいて、朝は四時に起きるのだから、睡眠時間も極端に少なかった。いつも人の為に動き回っている人だった。

楽しみは花の手入れで、夢中になると洗濯物を干すのを忘れることもあった。また、本も好きで、夜寝る前には必ず本を読んでいた、ノンフィクションものが好きだった。

恵美子さんは二十三歳の時に、一つ上の光保《みつお》さんと結婚した。恋愛結婚だった。光保さんは漁協で働いていて、今は参事をやっている。子供は長男、長女に恵まれた。

いつも二人一緒だった。冗談ではなく「死ぬときは一緒だ……」と言い合っていた。子育ても二人で協力してやった。夕食時に家族がみんな揃って、今日あったことを話す。明日の予定も話す。何でも話す。そんな家庭を二人で作り上げた。すばらしい家族だった。

恵美子さんも光保さんも子供が大好きだった。親戚の子供を可愛がり、孫が出来たときのシミュレーションをしているようだった。息子の光照さんに「早く孫が欲しいね……」などと言う。まだ結婚してもいないのに。

娘相手に孫が出来たらああして、こうして、保育園は誰が迎えに行って、など夢でも見るように話していたものだった。

光照さんは「母さんに孫を見せてやりかたった……」と言う。まだ結婚はしていないのに。

三月十一日、恵美子さんは小友《おとも》の実家でワカメ養殖の手伝いをしていた。大きな地震があった。恵美子さんはあわてて車で十分ほどの広田町の家に戻った。そして、おじいさんを避難させた。一旦は逃げたのに、なぜかもう一度町に戻った。

光照さんは言う「途中で民生委員をやっている人と会って、寝たきりのおばあさんを助けに行ったみたいなんです。結局、その民生委員のかたも亡くなられたんですけど……」

そこに、誰も想像すら出来なかった巨大な津波が押し寄せた。広田の家は何かも流されてしまった。家族は手分けして恵美子さんを捜した。遺体安置所も全部回った。しかし、恵美子さんは見つからなかった。

そして一ヶ月後、家の近くの木の下で恵美子さんが発見された。こんな近くにいたとは、家族はみんな驚いた。長靴をはいていて、きれいな遺体だった。四月十二日のことだった。

一緒にあった携帯に電源を入れてみた。一瞬電源が入り、メールの返事を打った事が確認出来た。そこには「大丈夫」の三文字があった。次の瞬間ショートして母の最後の言葉は消えてしまったが、光照さんははっきりとその文字を見た。

「返事を打った直後に津波が来たということなんでしょうね……」

夫の光保さんの落胆が大きい。「死ぬなら一緒だ」と言い合った奥さんに先立たれてしまった。漁協の参事という役目柄、職員を避難させなければならなかった。「もし、俺がいれば助けられたかもしれなかった……」と悔やむ。仕方のないことだと思ってはいても、理不尽な災害のどこにこの怒りをぶつければいいのか……。

光照さんはそんな父を心配する。家族みんなに大きな心の空白が出来てしまった。その空白を少しでも埋めたいと、面影画に申し込んだ。

持参していただいた一枚の写真。「この写真しかないんです……」という、従兄弟の結婚式で恵美子さんと子供二人が写っている写真だ。絵のリクエストは「エプロンを着て笑っている母の姿を……」というものだった。

目の大きな恵美子さんがにっこり笑っている姿を描かせていただいた。夫の光保さんへの思いも込めて描かせていただいた。

この絵が少しでも家族の心の空白を埋めてくれればうれしい。

光照さんにおくる、すばらしいお母さんの生きた記録。

恵美子さんのご冥福をお祈りいたします。

八月二十九日の面影画は高橋正昭さん

描いた人　高橋紘一さん　七十一歳　弟

紘一さんは昔、郵便局で働いていた。集配が主な仕事だった。六十歳で定年になり、それ以後は悠々自適の生活だった。

好きなパチンコに行ったり、テレビを見たり、パズル雑誌に夢中になったりしていた。最近では、神社やお寺さんの世話係などもやっていた。

八年前、小友《おとも》町駅前に家を建てた。その時の建て前の写真がある。紘一さんが正昭さんや工事関係者と一緒に、現場で建て前の食事をしている写真だ。

自分の家を建てる高揚感が顔から伺える。

家を建てたあとは、独り身だったこともあり、同級生や友達が家に遊びに来た。遊び仲間のたまり場のような感じで居心地が良かったのだろう。タバコは吸うが、お酒は飲まない紘一さん。体力はなかったが、体は健康だった。


三月十一日、紘一さんは軽トラで高田の町に来ていた。そこに大きな地震があり、すぐに小友の家に戻った。そして、周辺の人たちと高台にある家に避難した。

大きな津波から体は逃げたが、家は跡形もなく流されてしまった。避難した高台の家には二十五〜六人の人が集まっていた。それから続く、電気や水、食料のない生活。七十一歳の身にはつらかったし大変だった。

そこに二週間世話になってから、落ち着き先を探した。正昭さんが本家の空いた家を手配し、そこに住むことになった。食事は近くの親戚にお世話になることができた。

しかし、元々体力のなかった紘一さんは、精神的な落ち込みもあり、徐々に食が細くなり、とうとう四月十五日に倒れてしまった。救急車が来た時には心臓が止まっていた。

救急隊員の懸命の措置、病院での手当のお陰で何とか奇跡的に一命は取り留めた。しかし、心臓停止時間が長かったため、脳に血液が流れず、一命は取り留めたが意識は回復しなくなってしまった。いわゆる、植物人間状態になってしまった。


医師の話では、内臓は丈夫なのでこの状態が長く続くだろうという。心臓に持病があった訳ではなく、精神的なショックからだろうという。大船渡病院から一関病院に転院し、人工呼吸器をつけて、チューブで栄養を入れて生きている。

正昭さんは容態の変わらない弟を二週間に一度見舞っているが、何も変わらない。

七十一歳で一人暮らし、震災で家も何もかも失い、その後の過酷な避難生活。希望が見えなければ、人間は生きて行けない。紘一さんのような被災者もたくさんいる。

生活不活発病という言葉が、震災後何度も報道された。過酷な避難所暮らしから命を落とした人も多かった。

人間が生きて行くには希望が必要だ。被災者が希望をつかむことが、次の人生に向かう一歩になる。紘一さんのような人が多く仮設住宅に入っている。震災の被害は、むしろこれから出るだろうと言われている。

一人でも多くの人に希望を見せる事が政治の一番の仕事なのに、日本の政治家は何も与えてくれない。

正昭さんの絵のリクエストは元気だったころの紘一さんをというもの。

建て前の写真で胸を張っている紘一さんの写真を参考に描かせていただいた。

この絵が、不幸な弟を思う正昭さんの心を少しでも軽くしてくれれば嬉しい。

紘一さんの快復をお祈りいたします。

九月二日の面影画は米谷易寿子《まいややすこ》さん

描いた人　米谷《まいや》ヤス子さん　八十六歳　義母

ヤス子さんは家の守り神のような人だった。家付き娘で、家族の中心で、存在感があり、そのひと言に重みのある人だった。

二十五歳で結婚した易寿子さん。同じ敷地にある別の家で暮らしていた。家は気仙町、代々続く旧家が多い地域だった。

いろいろな集まりがあると、表に出る人ではないのだが、ヤス子さんの存在感は圧倒的で、にこにこしてそこに居るだけで、みんなが安心するような人だった。

ヤス子さんは、十年間寝たきりの母を介護した。ヘルパーさんに頼む事もあったが、基本的には自分で介護した。口には出さないが、我慢強い人だった。

ヤス子さんは二人姉妹だった。妹が平成十九年の九月に亡くなって、ひとりになってしまった。その妹が病気になって入院した時も、毎日通って相手をしたものだった。自分がわからなくなってしまった妹に、毎日やさしく話しかけていたのを易寿子さんは見ている。

ヤス子さんは毎週大正琴を習いに行っていた。妹が元気だった時は一緒に旅行に行ったりもしていた。いつも健康には留意していて、足腰も丈夫だった。

昨年の十二月に乳がんを患ったのだが、治療が功を奏し元気に快復した。病気を克服し、これからも一家の大黒柱として活躍するはずのヤス子さんだった。


三月十一日、ヤス子さんは家にいた。その日、易寿子さんはプールに行く日だった。昼にはヤス子さんと一緒にご飯を食べた。一時半に「じゃあ行ってくるね」とヤス子さんに声をかけたのだが、返事はなかった。ヤス子さんはいつもの昼寝時間に入っていたようだった。

家ではいつも地震対策の訓練をしていた。この日も大きな地震のあと、ヤス子さんは避難所になっている仲町公民館に一番先に避難した。もちろん、防災頭巾をかぶっていた。

一方、易寿子さんはプールで地震に遭った。真っ暗な中で着替え、すぐに車で家に帰ろうとした。しかし、橋がどこも渡れず、家に帰ろうとしたが帰れなかった。

あちこち回りながら、まるで何かに導かれるように、竹駒町の親戚の家に身を寄せた。その家は高台にあった。

巨大な真っ黒い津波が町を襲った。

竹駒では、易寿子さんが避難した家と隣の家の二軒以外は全部流されてしまった。目の前を家がギシギシ音を立てて流されて行く。この世のものとは思えない光景だった。

易寿子さんは翌日には家に帰ろうとした。「自衛隊の人が行けるんだから……」と瓦礫の中に出かけようとしたが「バカなことをするな！」と止められた。

こんな事態になっても、まだ家に帰ろうとしていた。また、普通に帰れると思っていた。まさか橋が流されてしまったなんて思いもしなかった。

ラジオでは避難した人の名前を読み上げていた。その中にヤス子さんの名前があったので、易寿子さんは「よかった、おばあちゃんは無事なんだ……」と思っていた。

震災三日後、東京に出張していた夫と、車で逃げた長男に合流出来た。長男は渋滞していた自分の後ろの車が津波に呑まれたという、間一髪助かった事を話してくれた。

現場が落ち着いてから、無事に避難しているはずのヤス子さんを捜しに行った。しかし、気仙町は壊滅していた。消防団の人に話を聞くと「仲町公民館は流されてしまった……」その言葉に、目の前が暗くなった。

避難所だった仲町公民館は、跡形もなく流されてしまっていた。若い人の何人かは自力で山に逃げたが、避難所にいた大半の人はそのまま流されてしまった。この避難所にいた二十四人が亡くなった。ヤス子さんはまだ行方不明のままだ。

易寿子さんの家も、蔵も何もかも流されてしまった。

おばあちゃんの思い出の品も、写真も何もかもなくなってしまった。自分が何かに導かれるように助かったのは、おばあちゃんやご先祖様の力だったのかもしれない……と易寿子さんは言う。やさしかったおばあちゃんの面影を絵にして残したい、と面影画に申し込んだ。易寿子さんの心に残るような、おばあちゃんの笑顔を描かせてもらおうと思った。

この絵が少しでも易寿子さんの心の空白を埋めてくれれば嬉しい。ヤス子さんのご冥福をお祈りいたします。

九月三日の面影画は佐々木一成《かずしげ》さん

描いた人　佐々木玲子さん　八十一歳　母

玲子さんは庭が自慢の大きな家に住んでいた。十数年前に亡くなった夫が作った庭は、大きな庭石が数多く配置され、懸がいの松などが植えられた本格的な庭だった。年に一度庭師が来て、一週間くらい泊まりがけで手入れをしていた庭だった。

家は高田の市民体育館の近くだった。海からは五百メートルほど離れていたが、散歩に行くには良い距離で、よく松原まで散歩したものだった。

玲子さんは世田米《せたまい》のお寺が実家だった。兄弟は七人、今は五人が健在だ。高田の嫁ぎ先の佐々木家は、兄弟で商売（食料品店）をやっていた。野菜を買い付けて、貨車やオート三輪であちこちに卸したりする仕事もした。昭和四十五年にはアイスクリームの製造販売もやった。のちに、水産加工の会社も始めた。全ての仕事がスーパーの経営につながっていた。

その頃に始めた家具店を玲子さんがやることになり、素人だったが、自宅兼店舗で三人の子供を育てながら、従業員の方々に支えられ家具店をやった。体力を使う配達などもこなし、タンスなども普通に運ぶ人だった。

良いときも悪いときもあったが、そこで二十五年間、家具店を営業した。体の丈夫な人だったから出来たことだと思う。

我慢強く、ほがらかで、やさしい人だった。そして、自分がこうと決めたことは誰が何と言おうとやり通す人でもあった。

一成さんは仕事の都合で盛岡と高田を行ったり来たりしていた。二人の妹と連絡を取り合いながら、玲子さんとよく旅行に行った。玲子さんは旅行が好きで、三年前にも、東京に用事があったのだが、そのまま姫路城を見に行こうという事になり、新幹線で姫路まで行って、そのまま高田に日帰りするような事もやったことがある。

一成さんが持参したフォトアルバムには、あちこちに出かけて写真に収まっている玲子さんがたくさん写っていた。

妹夫婦と箱根に行こうと計画し、この三月にその準備をしていたところだった。

三月十一日、玲子さんは高田の自宅にいた。そのときの様子は誰もわからない。知り合いの人が、歩いて避難所になっている市民体育館に向かう玲子さんを見ていた。

この日、一成さんは盛岡にいた。地震の直後から電気が消え、テレビが映らない。携帯電話も通じない。わずかにラジオで沿岸地域が大変なことになっていると知った。

震災二日後、やっと電気が通じた。テレビで見る被災地の様子は目を覆うようなものだった。数日後に電話がつながった。世田米の親戚の人が玲子さんを捜しに行ったが見つからなかったと言う。気が気ではなかったが、高田に行く為のガソリンがなかった。

それから何日かして、やっとガソリンが手に入り、妹と一緒に高田に来た。その後も頻繁に妹と入れ替わり立ち替わり捜したが、玲子さんは見つからなかった。

避難所になっていた市民体育館は津波の襲撃を受け、壊滅していた。大勢の人が避難していたが、生き残った人は三人だけだった。

五月初めに玲子さんらしい遺体が上がり、ＤＮＡ鑑定をしてもらった。時間がかかったが、二ヶ月後確認された。新盆を前に、やっと葬儀を上げる事が出来た。

一成さんのもう一つのフォトアルバムには、津波に破壊された自宅が写っていた。庭の巨石はそのままに瓦礫に埋め尽くされた家の土台。津波の破壊力が凄まじい。何もかも流されてしまった。立派な庭を持つ家の写真と、瓦礫の原になってしまった写真を見比べる。これが津波の仕業なのだ。

一成さんは玲子さんの面影を絵にすることで、新しい一歩を踏み出そうとしている。父が作り、母が守って来た家の再建。大きな目標だが、まずは一歩からだ。

この絵が、その背中を少しでも押してくれれば嬉しい。

一成さんにおくる、優しかったお母さんの記録。

玲子さんのご冥福をお祈りいたします。

九月五日の面影画は菅野勝也さん

描いた人　菅野利子さん　六十四歳　妻

利子さんは今回の震災ではなく、七年前に病で亡くなった。勝也さんは津波で家も車も流されて、何もなくなってしまった。せめて妻の面影を持っていたいと、知人から写真を借りて面影画に申し込んだ。

利子さんは和野の生まれで、勝也さんとは見合い結婚だった。利子さん二十七歳、勝也さん二十八歳の時だった。

利子さんは東京で和裁の仕事をやっていたのだが、結婚を期に高田に帰って来た。勝也さんは大工だった。出稼ぎ仕事が中心で、北海道や東京に出稼ぎで働き、盆正月に戻る生活だった。家を守っていた利子さんは、舅や姑ほか家族がたくさんいる中で大変な苦労をした。

そんな利子さんの様子を見て、勝也さんも決断する。「収入は半分になるけど地元で働こう……」大船渡の造船会社で大工の腕を見込まれて、働くようになった。利子さんは本当に喜んでくれた。結局、その会社で二十年働いた。子供も三人に恵まれ、家庭も安定していた。

定年を迎えた勝也さん。その頃から利子さんが腎臓を病んでしまった。透析が欠かせない体になってしまった利子さん。夫婦で出かけることはかなわなくなってしまった。

一日四回の腹膜透析が欠かせなくなってしまい、徐々に食も細くなってきた。体がきつくなり、針仕事も出来なくなってしまった利子さん。

息子の発案で家を新築することになり、七月に建て前が終わり、十一月には落成することになっていた。そんな十月に、とうとう利子さんは入院し、十月三十日に腎不全で帰らぬ人となってしまった。六十四歳だった。

これからという時に妻を失った勝也さんの落胆は大きかった。入りたかった新しい家から、畳の上から送り出そうと、落成前の新居から利子さんを送り出した。

その思い出の家が何もかも、今回の津波で流されてしまった。

三月十一日、勝也さんはシルバー人材センターの仕事で、高田の松原で清掃作業をしていた。午前中の作業を終え、荷物を下ろした時に地震が来た。

松原の松が全部ゆらゆらと揺れ、立っていられない。軽トラにすがり、かろうじて揺れに耐える。砂の足元が沈んで行く。一緒に作業していた人と軽トラに乗って急いで逃げた。

砂から黒い液状化した黒い水が吹き出した。道路に亀裂が入り、黒い水が吹き出している。

作業小屋に荷物を置いて戸締まりし、高台のシルバー人材センターへと走る。道路は渋滞している。何とか四十五号線を突破し、センターにたどり着いてほっとしたのもつかの間、防災無線の「津波が防波堤を越えた」というアナウンスが流れた。シルバー人材センターには続々と避難する人が集まって来た。

津波はすぐにやってきた。事務所の中まで水が入った。水より先に瓦礫が流されて来て、車を押して動かした。「ここはダメだ！　もっと高い所へ逃げろ！」避難した人々は更に高い所へと逃げた。

津波の第二波がひどかった。家がそのまま流されて行く。誰もが声を失った。

勝也さんはシルバー人材センターから更に高台に人々を避難させ、自分も行動を共にしていた。最終的には松原苑まで避難し、そこでその後のことを考えた。

着の身着のまま、作業服に長靴のままで一週間を過ごした。息子は大船渡から歩いて帰って来た。娘も無事なことがわかった。そして、混乱が落ち着いたので、自宅を見に行った。

自宅は基礎のコンクリートと飛び出した鉄筋、土台しかなかった。何もかも津波に流されてしまった。

勝也さんは、妻、利子さんの面影画を依頼にきた。せめて妻の絵だけでも手元にと、妻の友人を訪ね、写真を借りてきてくれた。

利子さんは、和裁をやっていた関係で友人も多かった。和服を着て集まる会の写真が何枚か借りられた。その中の一枚に、利子さんがにっこりと笑っている写真があったので、面影画はその写真を元に描かせていただいた。

勝也さんのこれからの人生の伴侶となるような絵になってくれれば嬉しい。

九月八日の面影画は大畑信吾さん

描いた人　大畑　力《ちから》さん　四十三歳　長男

力さんは、男二人、女二人の四人兄弟の長男として育った。体が大きく、足も速かった。小学、中学、高校と野球の選手だった。

高校時代に岩手県の大会で優勝し、当時、桑田や清原がいたPL学園と岩手県営球場で試合をした経験を持つ。野球が大好きな信吾さんの、自慢の息子だった。

高校を出て就職した金型加工会社の本社勤務となり、五年間、東京で働いた。二十三歳の時に大船渡に帰って来て、高田の酔仙酒造に入社した。

帰って来てからは、地域の様々な活動に参加した。消防団にも入った。公民館の活動もした。しかし、同級生よりも五年遅く始めた活動では、何をやっても一番下からのスタートだった。それでも、力さんは嫌な顔ひとつせずに、黙々と続けた。

そんな力さんを信吾さんは、父親としてあらゆる面でサポートした。自分の後継者として、様々な場に出し、活動の幅を広げさせた。力さんもそれに応え、理想的な後継者に育っていた。

結婚した力さん、娘二人に恵まれた。自分が大好きだった野球を一緒にやることは、娘だからかなわなかったが、娘は小学でバスケット、中学では柔道部の道を選んだ。

結婚した相手は看護師だった。将来の自分の身を考え、昨年から酒もタバコも缶コーヒーもやめて健康管理をはじめた。奥さんのアドバイスをよく聞く人だった。

信吾さんはそんな力さんの行動を「家庭人としてきちんとやろうという決意だったのではないか……」と言う。


三月十一日、力さんは酔仙酒造で働いていた。仕事は仕上げの瓶詰め前の行程を担当していた。酔仙酒造は昔ながらの建物で、土壁だった。その壁が崩れ、社員は中庭に集まってから避難した。力さんは、一旦会社に戻り、片付けをしてから車で避難した。

みんなと一緒にすぐ高台に避難すれば助かったのだが、力さんは家に帰ることを選んだ。いつも通勤している四十五号線に向かって車を走らせた。

家は高台にあり、今回の津波でも被害はなかった。だからこそ、力さんは家に帰ろうとしたのだろうと、信吾さんが言う。

巨大な黒い津波が高田の町を呑み込んだ。誰もあんな大きな津波が来るなんて考えてもいなかった。

一週間後、弟の悟さんが力さんを発見した。赤いトレーニングシューズを履いていた力さん。その靴に見覚えがあった悟さん。すぐに遺体を収容した。間違いなく力さんだった。

悟さんは消防団員として高田の町の被災者を収容していた。力さんの服には免許証が入っていて、本人とすぐに確認出来た。場所は高田の市街地中心部だった。

力さんの車はまだ見つかっていない。

今、その赤いトレーニングシューズは信吾さんが履いている。力さんの形見の品を身につけることで、息子を供養している。

二人の娘の父として、夫として、長男として、まだまだやらなければならない事がたくさんあった。

もっともっと生きなければならなかった。

「無念だったろう、悔しかったろう……」信吾さんが涙ながらにつぶやく。

本当に無念で悔しいのは、信吾さんだ。本当に自慢の息子だった。後継者として何も不満はなかった。出来る事なら、その人生を替わってやりたい。しかし、それはかなわない。

信吾さんは赤いトレーニングシューズを履いて、力さんを思う日が続く。

信吾さんの落胆は大きい。心の空白を埋めることは出来ないが、この絵が少しでも信吾さんの痛みを軽くしてくれれば嬉しい。


信吾さんにおくる、自慢の息子、力さんの生きた記録。

力さんのご冥福をお祈りいたします。

九月九日の面影画は鈴木英二さん

描いた人　鈴木明子さん　八十八歳　母

明子さんは終戦時中国にいた。当時憲兵だった夫を助け、終戦と同時に軍服を捨てさせ、平民に隠れた。中国軍は隠れた夫を探しに来たが、ここも機転を利かして切り抜けた。

終戦の混乱はひどかった。八月に終戦して、中国を引き上げたのが十一月だった。

戦後の混乱期、名取に帰った夫と明子さん。明子さん二十一歳、本当にゼロからのスタートだった。

何もない時代だった。明子さんは海岸で塩を作ることを考えた。浜によしずを並べ、そこに海水をかけて塩分濃度を上げ、最後は釜で煮て塩を作った。

製材所のおがくずを分けてもらって燃料にした。二人は朝から晩まで働いた。三本柱の掘っ建て小屋が住まいだった。隙間から見える星で時間を見るような生活だった。

何もない時代、塩はよく売れた。八月に名取に来て、十一月には小さい家が建った。寝る間も惜しんで働いた結果だった。このころは毎日三時間くらいしか寝ないで働いていた。

塩の利益で船を買った。大洋丸という船だった。しかし、これは半年しか続かなかった。漁師が働かず、酒を飲んでばかりだったので赤字続きになり、結局やめた。

明子さんは夫にはかり、同じような境遇の人（引き揚げ者）を集めて開拓農業協同組合を立ち上げた。ちょうど仙台空港の土地払い下げがあり、三ヘクタールの農地を払い下げてもらうことが出来た。それからは農業を基盤にした事業展開が始まった。田畑をやりながら明子さんはサラシ飴作りを始めた。米粉と麦芽を材料にしたシンプルなものだったが、甘いものが不足していた時代、本当に良く売れた。

次は野菜くずを使って飼える豚の飼育を始めた。これもよく売れた。明子さんは時代の先を読める人だった。手間を惜しまず、お金をかけず、利益を上げる天性の勘を持った人だった。あとから追いかける人が多くなって利益が薄くなる時には別の事業を展開するという天性の実業家でもあった。最終的には、十七種類もの事業を手がけることになる。

昭和三十二年に新しい家も建ち、事業も順調だった。明子さんはまだ赤ちゃんだった女の子を養女に向かえ、忙しい中で子育てを始める。家にいてもできる仕事を……ということで養鶏を始めた。卵を生産して売る事業だ。

餌を工夫した。浜で廃棄物となるカマボコの余りを魚粉にする。草を刈って来てチョッパーで刻む。これまた廃棄物の米ぬかをもらってくる。この三つを組み合わせると高級な鶏の餌になる。普通の養鶏の半分の餌代で経営ができた。

お金をかけずに手間をかける、の精神はここでも生きていた。また、この餌で育った鶏が生んだ卵の質が良かった。放し飼いで三千羽もの鶏を飼っていた。

ちょうどこの頃、英二さんが養子に入り、養鶏を手伝い始めた。先の養女は英二さんの妹だった。明子さんは事業の成長だけではなく、継続するための一族を作り始めた。この子育ても明子さんの大きな仕事だった。


昭和四十二年には材木の切り出しもやった。パルプ需要が高まったためで、大手の大昭和製紙と入札競争になり、それに勝った。明子さんは百町歩の山を自分の足で歩き、パルプ材になる木を全て自分で計った。目分量の山師がかなうはずはなかった。

自分の感覚を大事にする人だった。実業家として天性の勘をもっていたとしか言いようがない、と英二さんは振り返る。専門家でもない母が山歩きをして、自分なりの計算でプロに勝つという現場を見ているのだからなおさらだ。

養鶏はずっと続けていた。そんな折り、仙台空港拡張の話が出た。時代は東京オリンピックに沸きたっており、確実に高度経済成長への道を歩き出していた。

明子さんは「これからは自動車の時代だ！」と時代の先を看破する。仙台空港拡張のため、二ヘクタールの土地を買収されたが、残った一ヘクタールで駐車場を始めた。この駐車場は一等地で、現在も事業の柱になっている。

八十八歳、まだまだやることがいっぱいあった。英二さんにしてみればまだまだ後見として頑張ってもらわなければならなかった。

しかし、病に倒れあっという間に今年の二月に亡くなってしまった。日頃から口にしていた「ぴんぴんころりがいいよね……」という言葉の通りの最後だった。

英二さんは生前、母から大事な言葉を二つ贈ってもらった。一つは「生きている限りお金は必要だよ」、もう一つは「一寸先は闇なんだから」という言葉。この二つの言葉を翌三月の十一日に英二さんは痛感することになる。

三月十一日、英二さんは病院にいた。大きな地震があり、英二さんは家に戻った。しかし誰もいなかったので会社である駐車場に行った。そこに従業員が帰ってきて、みな仙台空港に避難しているという。津波が来るという事を英二さんは知らなかった。

片付けを中断して外に出た。見ると八百メートル先から津波が来るのが見えた。あわてて車に乗って空港に逃げる。空港の二階に逃げればなんとかなるだろうと必死だった。二階の階段を上がった時津波は五十メートルの距離にまで近づいていた。

この時、英二さんは多くの津波に呑まれた人を見た。階段にまでたどり着けなかった人はみな、車ごと流された。空港の見取り図が頭に入っていて、最短距離で逃げたからこそ、あやうく助かった。背筋が寒くなるというのはこういうことだ。

その後の仙台空港の様子はテレビで再三放送されたので記憶に新しい。まさに惨状を呈した。あやうく助かった命。母の言葉をかみしめる。母の供養の為に三重塔を建立しようと思っていたが、そのお金を会社の復旧、復興に使う。その蓄えがあったからこそ、すぐに事業が再開できた。従業員を解雇することもなかった。

名取から時間をかけて面影画に申し込みに来てくれた。その思いは母への感謝だ。

にっこり笑った明子さんを描かせていただいた。

この絵が、今後の英二さんに少しでもやすらぎを与えてくれれば嬉しい。

英二さんにおくる、すばらしいお母さんの生きた記録。

明子さんのご冥福をお祈りいたします。

九月十一日の面影画は菅野典子さん・松峯育美さん

描いた人　千葉明美さん　四十代　同僚

明美さんは高田の郵便事業株式会社に勤めていた。郵便局が民間会社になり、そこでゆうパックなどの集荷、出荷、発送、配送をする会社だ。明美さんは業務企画室の総務を担当していた。絵を依頼に来た典子さんと育美さんも同僚だった。明美さんは姉御肌のかっこいい人だった。女らしく化粧はきちんとしているけれど男っぽい人で、サッパリとした性格は、女の人に人気があった。独身で、お茶やお花もやっていたのだから、男性に人気もあったと思うのだが、女の人の方に人気が高かった。「行こうよ、行こうよ」と食事や飲み会に誘ってくれた。典子さんも育美さんもよく一緒に食事や飲み会に行ったものだった。

気仙沼でお母さんと二人で暮らしていた明美さん。会社の事は家で言わず、家の事は会社で言わなかった。公私をきちんと分ける人だった。一年前、お父さんを亡くしたが、悲しみを表に出す人ではなかった。

典子さんが思い出す事。ぐずぐずしていると「のりこ！」って呼ばれ、よく目をかけてもらった。女性らしく常にきれいにしている人だった。食事の後も、すぐきちんと化粧した。ぱきっと切って話してくれる、目標にしたい人だった。

育美さんが思い出す事。悩みを聞いてくれ、的確なアドバイスをしてくれた。ハッキリ言ってくれるので、大好きな人だった。

三月十一日、三人は高田の郵便局の職場にいた。大きな地震があり、局は大混乱になった。三時十八分まで局の駐車場に集まっていた職員。お互いに「寒い寒い」と肩を寄せ合っていた。明美さんもこのときはまだ一緒だった。

育美さんは携帯で大津波警報を聞いた。典子さんは防災無線の「津波が水門を越えた……」という放送が聞こえた。緊急事態だった。みんなは自分の判断で逃げた。高台の一中に向かって逃げた人もいる。局の二階に逃げた人もいた。それぞれの判断で必死で逃げた。

みんな自分が逃げるのに必死で、後で聞くと記憶が飛んでいる人もいるほどだった。精一杯の行動だった。局と事業会社あわせて十三人の職員が亡くなった。

育美さんは言う「会社の方針ですぐに仕事を再開することになったんです。亡くなった人のところに他から人が来て、普通に仕事するのに……何だかすごく違和感があって……」

典子さんも言う「こんな状態で普通に仕事している自分に……何て言うか……腹がたつっていうか……うまく言えないんですけど……」

本来なら十三人もの職員が亡くなった大災害で、喪に服す期間でありながら、郵便事業という職種ゆえにすぐに再開が求められた。それはわかる。そうしなければならない使命感もわかる。しかし、そこで働く人の心の中は、果たしてどんな状態だったのか。それをわかって、ケアしながらの仕事再開だったのかどうか。

個人の心の負担は大きい。切り替えられる人ばかりではない。悔やむ気持ちと悼む気持ちとに攻められて自分の心のバランスを崩す人も出る。

どうか、一度落ち着いて、亡くなった同僚を弔って欲しい。みんなで思い出してあげて、話す場を作って欲しい。何度もそれを繰り返す事で気持ちが切り替えられる。

この絵を二人は明美さんのお母さんに渡したいと言っている。私はむしろ、二人に必要なのではないかと思っている。二人ともまだ気持ちを切り替えられていない。

典子さんと育美さんにおくる、尊敬する先輩、明美さんの記録。

明美さんのご冥福をお祈りいたします。

九月十五日の面影画は菊池美喜子さん

描いた人　菊池勝男さん　六十八歳　夫
　　　　　渡辺美香さん　二十五歳　娘

勝男さんと美喜子さんは同じ歳で、二十六歳の時に結婚した。昭和四十六年十一月のことだった。長女と次女の二人の娘に恵まれた。

勝男さんは板金の工場をやっていた。家と工場は森の前にあった。職人らしく、頑固で言い出したらきかない人だった。美喜子さんは「石部金吉だった」と言う。

ほがらかで、どこにいても大きな声で笑う人だった。実直でウソのない人でもあった。最近はなんだか急にやさしくなって不思議な気がしていた。毎年、三峰山に登っていたのだが、昨年は初めて手を引いてくれた。今までそんな事はまったくなかったので、美喜子さんも驚いた。

体調がすぐれない美喜子さんに代わって、おばあちゃんの看護をしてくれた。「百歳まで生きるんだよ……」と頭をなでていた姿が忘れられない。

いつだったか、ふと、いくつまで生きるかという話になった事があった。美喜子さんは「八十四歳くらいかな……」と言って勝男さんを見た。勝男さんは答えない。無理やり聞いたら「じゃあ、七十かなあ……」と答えた。

四十一歳でタバコを止めて、健康にも注意していた。このごろは年に一度の兄弟会の幹事をやったりして、みんなに不思議がられていた。まるで今回の事を予見していたかのようだ。

苦しい思いも、悔しい思いもしたけれど、愚痴はいっさい言わず、頑固一徹で通してきた。落ち着いたら、これからは二人で旅行に行きたいねと話していた。

勝男さんは消防団に入っていた。コスモス会という会を作って、仲間とよく遊びに行っていた。その消防団の仲間が今回の震災で大勢亡くなった。

三月十一日、美喜子さんは北海道にいた。娘の出産に立ち会う為だった。娘の出産が遅れ、震災のニュースで高田が大変な事になったことを知る。

家と工場は少し離れていた。近くの人が「菊池さん!早く逃げっすべ！」と言ったが、勝男さんは工場から自転車で家に帰った。最後に見た人の話では、高田一中の方ではなく、駅の方を見ていたという。

美喜子さんは言う「腹が立つんですよ。自分が消防団の部長もした経緯があったのに、なぜ一中まで逃げなかったのか……」後から逃げればいいやと、家に残った足の達者な若い人が津波に巻き込まれ、多く亡くなった。

美喜子さんが北海道から高田に戻るのも大変だった。知り合いみんなでガソリンを出し合い、一週間に一回交代で捜しに来た。

勝男さんは三月十九日に発見された。火葬は四月十五日だった。火葬には北海道から娘もやってきた。家のあった森の前地区では、百十五人も犠牲者が出た。

家も工場も車四台も、何もかも流されてしまった。この三月は娘の出産準備や工場の確定申告など忙しくて、勝男さんとゆっくり話す時間がなかったことを美喜子さんは悔やむ。「お父さんとゆっくり話が出来なかったんです……それが今となっては……」もっといろいろ話したかった。

十四年前、二十五歳という若さで亡くなった娘と、勝男さんを一緒に描いて欲しいと面影画に申し込んだ美喜子さん。「まったく頑固な人だったのに、満面で笑っている写真なんですよ。何だか腹がたちますよね……一人で死んでしまって……」と同意を求めるが、その写真を元に絵を描いて欲しいという。

苦しい思いも悔しい思いも共有してきた二人。美喜子さんのそんな思いを筆に込めさせていただいた。この絵が少しでも美喜子さんの気持ちを明るくしてくれれば嬉しい。

美喜子さんにおくる、共に生きた頑固なご主人の記録。

勝男さんのご冥福をお祈りいたします。

九月十六日の面影画は黄川田敏朗さん

描いた人　黄川田芙美子さん　五十八歳　妻

ニャン吉　猫

敏朗さんと芙美子さんは幼なじみだった。保育所、小学校、中学校とずっと一緒だった。ただ、幼なじみだから結婚した訳ではなく、その後二十歳になるまでお互い意識した事はなかった。

成人式の集まりがあった後、みんなで小学校の担任の先生に挨拶に行った。その時に女先生から「おめらどうだ?」という話が突然出た。その時は酒の席での話だったし、冗談だと思っていた。何年かして、その先生から手紙が来た。内容は「お前ら帰ってきて結婚しろ」というもの。ついには二十四歳になったころ電話がかかってきて「お前ら帰ってきて結婚しろ」と言う。

それまではただの幼なじみで、いい人だなとは思っていたという。お互いが意識し始めると、後は早かった。そんなことがきっかけで結婚に至ったという珍しい展開。

「そういうのはお見合いでもないし、恋愛でもないし、なに婚って言うんですかね?」と聞いたら、敏朗さんは「押しつけ結婚とでも言うんですかね……」と笑う。

結婚式の仲人はもちろん、その先生夫妻にやってもらった。

小学校の時の担任でありながら、ずっと生徒達のその後を心配してくれた先生だった。今でも年に何回か先生のところに挨拶に行く。

芙美子さんの実家が薬局で、敏朗さんは婿に入る形での結婚だった。薬局では調剤と小売りをやっていた。

芙美子さんは三十五歳くらいから薬局の経営をやるようになった。薬剤師でもあった芙美子さんは、きちんと仕事をする人だった。経営をするようになり、いっそう自分にも従業員にも厳しい仕事を求めた。

間違いの出来ない仕事であり、薬剤師としての使命感も大きかった芙美子さんは、従業員にも厳しかった。その仕事ぶりから「おっかない……」と言われる事も多かった。不正を嫌うまっすぐな真面目さで、周囲から信頼される薬局になっていった。

結婚して二人の男の子に恵まれた。芙美子さんの厳しさは、子供のしつけにも向けられた。今、母の使命感を受け継いだ息子が、薬剤師として母の背中を追っている。

仕事場での厳しさは家庭ではどうだったのかと聞いたところ、帰って来た答えは意外なものだった。「いやあ、だらけてましたよ……」実際には世話好きで、動物好きで、花好きな人だった。日曜日が休みで、いつも午後三時頃までのんびりしていた。

三時過ぎる頃から猛然と動き出し、洗濯、買い物、庭の手入れ、料理などなどバタバタっと仕上げたという。夜更かしタイプだった芙美子さん、午前中はエンジンがかからなかったようだ。というよりも、日曜の午前中だけが自分を解放出来る貴重な時間だったのだろう。

そんな訳で日曜日に出かけたり、行事があるのを嫌った。神経を使う仕事だったので、週に一度の貴重な安息の時間を奪われたくなかったのだろう。

三月十一日、敏朗さんは釜石の仕事場にいた。芙美子さんは薬局にいた。芙美子さんは地震のあと、従業員をすぐに家に帰した。従業員は全員避難し、誰も犠牲になった人はいない。その後、薬局の片付けをせずにシャッターを下ろしている姿が見られている。

津波警報が出て、巨大な津波が高田の町を呑み込んだ。市役所横にあった家は何もかも流されてしまった。なぜ、芙美子さんは避難しなかったのだろうか……。

敏朗さんが言う「近所の写真屋さんが周辺のお年寄りを避難所に運んで、また町に戻って被災しているんです。その奥さんとうちのが多分一緒に、動けないお年寄りをまとめていたんじゃないかと思うんです……」

薬局という仕事柄、どこにどんなお年寄りがいるのかは熟知していた。

「写真屋さんのご主人に搬送をお願いして、奥さんと他の人も一緒に、お年寄りの家を回っていたんだと思うんです……」

その話は他の人からも聞いた事がある。たぶん、その通りだったのだと思う。

敏朗さんは釜石の仕事場が避難所になった関係もあり、高田には四日に一回くらいしか帰ってくることが出来なかった。友人の手も借りて、芙美子さんを必死で捜した。

芙美子さんは、六月二十八日にＤＮＡ鑑定で発見された。遺体は三月十四日に上がった遺体だった。混乱の極地にあった時期で、誰も気がつかなかった。敏朗さんも「見つけてやることが出来なかった、申し訳なかった……」と唇をかむ。

遺体安置所がどこにあるのかもわからなかった時期だった。どうしようもない事だった。

警察から受け取った遺留品に腕時計があった。震災の一週間前、二人で東京に行った時に買った腕時計だった。泥にこすれた時計がまだ動いていた。この時計は、芙美子さんの腕にあった時からずっと時を刻み続けている。そして今、敏朗さんの手の中にある。

家には猫がいた。名前はニャン吉という。今回の津波で家ごと流されて行方がわからない。そのニャン吉を抱いて笑っている芙美子さんを面影画に描いて欲しいとのこと。

敏朗さんの思いを筆に込めて、丁寧に描かせていただいた。

敏朗さんの淡々とした話しぶりからは想像出来ないほど、芙美子さんを失った喪失感は大きい。この絵がその大きな空白を埋める事は出来ないが、少しでも心の痛みが和らいでくれれば嬉しい。

敏朗さんにおくる、最愛の妻、芙美子さんの記録。

芙美子さんとニャン吉のご冥福をお祈りいたします。

九月十七日の面影画は横澤美名さん

描いた人　佐藤浩子さん　姉　享年二十一歳

浩子さんは美名さんの五つ違いの姉だった。小さい頃から明るく、みんなに可愛がられた。お祭りのように人が集まるのが大好きで、大きくなってお祭りに興味を持ち、あちこちに写真を撮りにいくほどだった。

近所からも注目されていて「浩子ちゃんはいいもんね」などと、お嫁さん候補に挙がることも多かった。

高校時代からボランティア活動に熱心で、福祉関係の職場に勤める事を考えていた。介護の専門学校に進み、卒業後は大船渡の施設で介護福祉士として働いた。

本当に自分が好きな道に進み、夢を叶えた人だった。

美名さんは、そんな姉を「もの好きな人だなあ……」と冷めた目で見ていたという。そんな美名さんが今は介護福祉士になっているのだから面白い。自然に姉の影響を受けていたのだろうか。

順調に進んでいた人生が一転したのは二十一歳の時だった。施設の夜勤明けで、クリスマスカードを作るために寝ないで作業して、翌朝車で出勤した浩子さん。

家のみんなが、いつもしないのに、この日に限って見送って「バイバイ……」なんてやった。その通勤の途上、交通事故で二十一歳の命を落としてしまった浩子さん。

仕事熱心で、寝ないで作業して、その結果の事故だった。

今回の津波で美名さんは両親を亡くした。家が流されてしまい、姉の写真も位牌も流されてしまった。近所の人が偶然、集められた写真の中から泥にまみれた一枚の写真を探し出してくれた。浩子さんの成人式の記念写真だった。

美名さんは着物姿の姉の写真から、介護福祉士として働いている姉を描いて欲しいという。

「この写真しかないんです……」「働いている姿が一番姉らしいと思うので……」

十八年前の姉の姿を再現する。結い上げた紙をショートボブにして、着物姿を介護士のエプロン姿に替えて、浩子さんの笑顔を描く。

二十一年間という短い人生を凝縮したような絵を描こうと思った。


この絵がお姉さんを思い出すきっかけになってくれれば嬉しい。

九月十八日の面影画は菅野典子さん

描いた人　村上由之《よしゆき》さん　四十三歳　同級生

由之さんは典子さんと同級生で、子供の時から一緒だった。幼なじみは偶然職場が一緒になった。同級生だが、今度は由之さんが上司という関係になっていた。

課長代理だった由之さん。何でもきちんとやる細かい人だった。気は短かったが、仕事では全部フォローしてくれた。飲み会などではいつも典子さんが愚痴を言う役だった。同級生という事もあり、何でも話せた。また、由之さんも何でも聞いてくれた。

由之さんは職場結婚だった。子供が二人いる。子供が好きで、どこに出かけるのにも携帯で連絡し合っていた。部活の結果などを熱心に聞いていたものだった。由之さんは高校時代野球をやっていた。子供にも野球をやらせたかったそうだが、子供はテニスを選んだ。

スポーツ万能で、足が速かった。仲間や後輩の面倒見も良かった。しかし、典子さんは、その足の速さが命取りになったのではないかと言う。

「家も浜だったたし、実家は漁師だったんで、津波の事はよく知っていたはずなんですよ……」だからこそ、今回の津波が来る前に自分たちを逃がしてくれた。「おめたち、家さ帰れ！」と。職場のトップは仙台の人だった。津波に対する感覚が高田の人とは違っていた。由之さんは典子さんたちにとって、命の恩人になった。

それは確かに想定外の津波だった。でも、逃げるだけの時間はあった。しかし、職場からは避難命令は出なかった。各自の判断で逃げた。

由之さんは一旦一中まで逃げたが、また職場に戻った。避難していない部下を捜しに戻ったようだった。足が速かったし、自分なら逃げられると思っていたのだと思う、と典子さん。

由之さんは津波後、職場で発見された。

典子さんは思い出す事がある。昨年の十二月、職場の飲み会でのことだった。職場の問題を聞いてもらおうと、日本酒を無理矢理飲んで、由之さんに話し込んだ。二合徳利三本まで飲んだ事は覚えているが、途中から記憶がなくなってしまったという典子さん。

後で同僚から聞くと、とんでもない暴言を吐いていたらしい。由之さんはキレる事もなく、笑いながら「人だから、そったらこともあるっちゃ……」などと対応していたらしい。

果ては二人でアカペラで「木綿のハンカチーフ」を歌ったらしい。典子さんはまったく覚えていない。「こうなってみると、その時の記憶がないのが悔しいんですよ……」

由之さんとのバトルも、一緒に歌った歌も覚えていない。それが悔しい。

今から思えば、常に不満を受け止めてくれた、と典子さん。共に浜育ちで、浜言葉が出る二人だった。言葉が荒いと周囲に言われる事も多かったが、そんな二人だからこそ、二人にしか分からない機微があった。

同級生で上司、何でも相談した人の面影画を典子さんは依頼に来た。「自分が次の一歩を踏み出せるような絵を描いてください」とえらく難しい注文付きで。

この絵が期待に添えるかどうかわからないが、典子さんが次の一歩を踏み出す時にその背中を押してくれるようになれば嬉しい。


典子さんにおくる、同級生で上司だった由之さんの記録。

由之さんのご冥福をお祈りいたします。

九月二十日の面影画は、金　美子さん

描いた人　金　良隆さん　七十一歳　夫

良隆さんは建築士だった。平成元年に一級建築士の免許を取った。家庭の事情で中学しか出ていないが、良隆さんは本当に努力の人だった。下に妹が三人いて、その妹達を学校に出す為に自分は身を粉にして働いた。

美子さんは二十二歳の時に二十六歳だった良隆さんと結婚した。通っていた裁縫教室で会っていた良隆さんのお母さんから求められてのものだった。そこで何回か良隆さんを見ていたので結婚までの道のりもスムーズだった。

結婚するまでは良隆さんは東京で建築業をやっていた。部下を四～五人使って仕事をしていたのだが、結婚を期に高田に帰った。昭和四十二年のことだった。

しかし、気持ちが合うと思っていた姑さんと美子さんが不仲となり、四十三年には家を出るように北海道に仕事に行った。美子さんの出産を機にまた高田に戻った。横田の実家に身を寄せていた美子さん。子供が生まれてどうするかという話になった。迎えに来た良隆さんに実家の父が言った「北海道に二人を一緒に連れて行くならやる。ひとりで北海道に行く気なら娘はやらん」その言葉は重かった。

良隆さんは四十四年から北海道の江別で働いた。美子さんも一緒だった。江別での暮らしは貧しかったけれど楽しかった。十二年いたこの期間が美子さんは一番楽しかったと振り返る。ここで二人目の子供が生まれた。

長男が中学校に上がる時期が来た。良隆さんはここで高田に帰る事を決断する。美子さんは友達が「行かないでくれ！」と言ってくれたのが嬉しかったという。

高田に戻った二人は実家に入らず、鳴石に小さな家を求め、暮らし始めた。美子さんはスーパーで働いた。山が好きだった良隆さん。栗駒には年に二回くらい出かけた。ピークハントではなく、ゆっくりと歩く山歩きが好きだった。足の弱い美子さんに合わせてくれたのかもしれない。山に行くと、かならず温泉に寄って帰ってきた。温泉巡りも楽しかった。

道の駅巡りも好きだった。カーナビで探して行くのだが、たまに見つからないで帰ってくるようなこともあった。美子さんが持参してくれた写真には、あちこち出かけた二人の姿がいっぱい写っていた。

三月十一日、良隆さんは鳴石の家にいた。大きな地震で「パソコンがテーブルから落ちた」と言いながら二階から下りて来た。市内に住んでいる母親が心配だから見に行くと言う。

一緒に住んでいた父親が二年前に亡くなって、母親は一人で住んでいた。

出かける直前、小さいドライヤーで髪を乾かしていた美子さんに「これ使え」と大きなドライヤーを出してきてくれた。いつもそんな事しないのに。

「ずいぶんやさしいね」「風邪引かれたら困るからな……」そして、家を出て市内に向かった。

市内の家では良隆さんの妹がヘルパーとして母親を介護していた。三人が家にいた姿を従兄弟が見ていた。しかし、その直後に高田の町は巨大な津波に呑み込まれてしまった。

家は何もかも流されてしまった。

美子さんは長男と手分けして何日も何日も遺体安置所を回った。遠く釜石や気仙沼にも回った。しかし、ようとして良隆さんの安否は分からなかった。

四月八日に新しく上がった遺体が安置所にあった。その中に良隆さんがいた。発見場所は酔仙酒造の近くだった。「こんな近くにいたんだね……」顔には傷もなくすぐに良隆さんと分かった。所持品を照合して、警察にも確認してもらい、十日には火葬にすることができた。

絵のリクエストは背広姿できちんとした良隆さんを、というもの。この先を生きる糧にしたいと言う。

この絵が美子さんの喪失感を埋める事は出来ないが、次への一歩に背中を押してくれるようになれば嬉しい。

美子さんにおくる、努力家で働き者だったご主人の記録。

良隆さんのご冥福をお祈りいたします。

九月二十日　特別インタビュー

今回この面影画を描くにあたって、陸前高田市「特別養護老人ホーム　高寿園」にお世話になった。特に、事務主任の佐々木晃さんに出会えなかったら実施することすら難しかったかもしれない。偶然の出会いと言ってしまえばそれまでだが、この人との出会いが全てであったかもしれない。自分の運の強さを実感した出会いだった。

その佐々木晃さんの体験を記録しておくことは、災害時緊急体制を考えときに大きな示唆を与えてくれる。突然、自分の職場が八百人の被災者がいる避難所になったら、あなたはどんな行動がとれるだろうか？冷静に状況を把握して人々を誘導出来るかどうか、自分自身に問いかけてみると、今回の体験記がどれだけ重要かわかっていただけると思う。

お世話になった老人ホームの記録でもある。面影画の最後を締めくくる記録として、災害がどんな形で収束していったのか、そこにはどんな人々の力があったのか、様々な要因を当事者の目から見た記録としてまとめた。

九月二十日　佐々木　晃さん

突然八百人の被災者が！

高寿園の事務主任を勤める晃さん。この日は職員の入所していた母親が亡くなって、お通夜の予定だった。いつもは四時に行くのだが、この日に限って三時に行こうということになって、高田の松原にある自宅に戻って喪服に着替えていた。

そこに大きな地震が来た。あちこち地面に亀裂が走り、尋常な地震ではなかった。「これは津波が来る！」そう直感した晃さん。すぐに奥さんと同居している両親を乗せ、車二台でそのまま高台に走る。途中、市民体育館の前は避難する人と車でごった返していた。

職場のある高台にまでやっとの事で避難し、晃さんはそのまま職場に入った。奥さんはその後、市内の方から砂埃というか土ぼこりのようなものが立ち上がり、こちらに迫って来るのを見た。すぐにさらに高台に避難する。そこは高寿園の別館だった。そこはそのまま避難所となった。

高寿園の事務室に、ひとりの女の子がウサギを抱えて泣きながらやってきた。事務所の菅原さんの子供だった。「おかあちゃん、家が壊れた〜……」

菅原さんの家は高寿園のすぐ下にあり、津波がくるはずのないところだった。事務所は騒然となる。その後、すぐに山を越え、林を抜け、ボロボロになった人々が集まってきた。その数はどんどん増えて数えられない。みな行く場所がなく、ここにすがるように集まって来た。

高寿園はそのまま、着の身着のままの人が八百人も集まった避難所になってしまった。


晃さんをはじめ園の人がまずやった事は、入所者を奥の部屋に移して被災者と隔離し、部屋も廊下も全部解放することだった。部屋も廊下も土足でそのまま歩けるようにした。人々は思い思いの場所で座り込み、呆然と時間を過ごしていた。

園の人は紙や段ボール紙を回して、被災者に名前を書いてもらい、それをロビーに貼り出した。そのまま夜になる。電気が使えない。電話も通じない。水も止まった。暗い不安な夜はとてつもなく長かった。余震もあったが、建物がしっかりしていたので、壊れたりという不安はなかった。避難した人の話も聞いたが、その夜は何も考えることが出来なかったという。

十数カ所に自然に別れた被災者。知り合い同士だったり、地域同士だったり、自然に部屋ごとのグループが出来たという。園ではそれぞれにグループの代表を決めてもらい、その代表を通して指示を出すようにした。これで最小限の混乱を防げた。

水は確保してあった分でしばらく大丈夫だった。翌日から支援物資が到着した。食料は、そのまま食べられるパンやドーナツが助かった。カップラーメンもあった、おかゆは水で倍量にして配った。高寿園の非常食も順次出した。食器は発砲スチロールの皿にラップを張って使い、自分の分は自分で管理してもらった。

トイレは水が止まって水洗トイレが使えず、園にあったポータブルトイレをトイレの中に設置し、各自が自分の排泄物を自分で処理する方法をとった。ビニール袋の排泄物を自分で山に持って行って埋めてくる。中には林に入り込んで済ませる人もいたようだ。

着の身着のままの期間は一週間くらいだっただろうという。その後は支援物資が急速に集まった。まず上着が来て、肌着や靴下はずいぶん後になったそうだ。

老人ホームという集団生活の場だった。施設もスタッフも集団生活に慣れていたので混乱が少なかった。何より、建物に地震の被害がなかったのが大きかった。

当初、呆然として何も出来なかった被災者たちだった。園では午前十時と午後三時にラジオ体操の音楽を鳴らして全員に運動させた。体を動かす事が、気持ちを動かす一歩になった。

班を決めて、班長を決め、班ごとに自分たちの事は自分でやるという形が出来上がっていったことも大きかった。掃除、片付け、整理整頓、やるべきことはいくらでもあった。秩序が出来たことが一番大きかったという。

四日後に電気が通じた。テレビの前に釘付けになる被災者。自分の家が、自分の町がどうなったのか、初めて見る悲惨な映像に言葉を失った。高田の人であれば、酔仙酒造まで水が来たということがどういうことかすぐにわかった。

高田が壊滅した……。現実が目の前に突きつけられた。

事務所は通常業務以外に避難所としての業務が重なった。晃さんは市役所との連絡係として多忙を極めた。市役所も壊滅していて、指示系統が混乱していた。園は避難所として独自の判断で事を決めなければならなかった。多くの避難所が同じように、避難所独自の判断で役所には事後報告という形になっていた。それが自然に出来たということが素晴らしい。

そのころ何が一番ありがたかったですか、と聞いたところ、即座に「携帯の充電器ですね」という答え。携帯を持って逃げた人は多かったが、充電器を持っていた人は少なかった。まだ電話は通じていなかった。携帯も通じたり通じなかったりだった。だが、被災者はとにかく誰かと連絡を取りたかった。電話会社が届けてくれた充電器にみんな群がった。

NTTの伝言ダイヤルもありがたかった。ひとり二人分のコメントと決めて利用した。晃さんも友人に伝言を入れる「こっちはこうだから、お前みんなに伝えてくれ」みなそういう形で利用した。

衛星電話が市から貸与された。多いときで二十人くらいが列になったこともある。高田一中で電話が使えるようになり、ひとり二分の限定だったが、みんな並んだ。二分だけでも外と連絡が取りたかった。また、連絡を取らなければならないことが多すぎた。

その後、携帯が通じるようになると、各自がそれぞれ電波状態の良いところを探し、夜になるとみんな安否を確認していた。園では九時に消灯ということで決めていた。そっと外に出て車の中で電話している人もいた。

毎朝、班長ミーティングをした。こちらからの連絡もするだけでなく、被災者の不満や意見を聞き、役所に伝えた。トイレが欲しいと言われ、仮設トイレを十基市から借りた。掃除当番は班で決めてもらった。欲しい支援物資の内容も、緊急時とは違う物になり、それを市に伝える。

水は自衛隊の給水車が来るようになって解決した。しかし、お風呂や洗濯にはほど遠い状況だった。みな川で洗濯したり、体を洗ったりしていた。

この頃から炊き出しが来るようになって助かった。支援物資の食料を朝と夜に回し、昼は炊き出しで済ませる事が多かった。炊き出しは様々なグループが来てくれた。「この写真はほんの一部なんですよ」とアルバムの写真を見せてくれた晃さん。「本当に感謝しています。遠いところから来てもらって、ありがたいことでした……」

事務所の作業は相変わらず多忙を極めていた。晃さんはこの時期七キロ痩せたという。中でも大変だったのが、尋ね人の対応だった。東京などの遠くから何とかしてここまでたどり着き、安否の確認が取れずにまた次の避難所に向かう人々。「廊下の隅でいいから寝かせて下さい、明日の朝にはすぐ出ますから……」そんな人が大勢いた。晃さんは朝食を食べさせて送り出した。

最初のころはみんな表情がなかった。みんな下を向いて歩いていた。この避難所だけでなく、街全体がそうだった。徐々に、日を追って目線が高くなっていった。三ヶ月を過ぎる頃から笑顔も見えるようになってきた。

下を向いていた人が前を見て歩くようになってきたのだ。「このままじゃあ仕方ない。覚悟を決めようって事だったんでしょう……」と自分も被災した晃さんが言う。

自衛隊のお陰で洗濯が出来るようになった。お風呂は巡回バスが走るようになった。三ヶ月くらいから避難所は新しい局面を迎えるようになった。仮設住宅のハイピッチな建設もあり、徐々に避難所としての機能を収束に向かわせつつあった。

晃さんに、今回の経験で何が一番大切だと思いましたか、と聞いた。

「お互い様、という相手を思いやる気持ちじゃないですかね……」という答え。オールラウンダーで何でもやらなければならなかった事務主任の言葉だ。

「高校生のような若い人が自分の力をわかってくれたのも大きかったですね……」これは指導者としての言葉。大人達では行けないところまで行ける若い力。自分にしか出来ない事をやって、みんなに喜ばれる若者。自分の判断で動き回る若い力に、周りはどれだけ力づけられたことか。「日本の若者はすごいよ、ほんとに」ボランティアの若者もすごかった。

極限状態で素の人間が見えた。口だけで動かない人。自分から率先してやる人。自然に集まるべき人のところに集まる人々。日頃の生活態度がそのまま人としての評価になる、厳しい側面も当然あった。こういう時だからこそ、本当のその人が見えたのではないかと言う。

今回の震災で感じたことは、日本人の底力だった。被災した人が混乱せずに秩序を保っていた。今日、その現実を聞くことができ、その報道が嘘でない事を知った。

あの混乱した極限状態の中で人々は自ら秩序を作り出した。誰に命令された訳でもなく、指示された訳でもなく。自分たちで最善の道を選んだ。こんなことが出来る日本人は本当にすごい。報道を見て、全国で自分に出来ることをやろうという動きが自然に出たこともすごいことだった。日本人であることを、これほど意識したことはなかった。

高田は必ず復活するし、東北は必ず復活する。それが実感出来たインタビューだった。

面影画を描かせていただいたすべての皆さんへ

平成二十三年六月四日、テント持参で陸前高田に到着した時は、こんなに長くこの地にいられるとは思っていませんでした。

「絶対に絵の必要な人がいる」という強い信念だけはありましたが、実際に被災地に入り、テントに身を置いた瞬間から心細くて仕方ありませんでした。

そんな最初の弱気も、ひとりまたひとりと絵を描いて行くに従って、自分と高田が一体になっていくような感覚になりました。六月四日から暑い暑い夏を乗り切り、九月二十日までの長い間、絵を描き続けることが出来ましたこと、ひとえに高田の皆さんの暖かい応援によるものです。

おひとりおひとりの話を正面から聞き、絵を描く。リクエストは絶対に断るまい…そんな気持ちになったのも、ひとえに高田の皆さんの真摯な姿勢によるものです。

一日一日が真剣勝負でした。体調を整え、朝九時にはまっさらな心でお迎えし、お話を伺う。時には涙で文字が見えなくなることもありました。友人のように語りあった方もいました。いろいろな悩み事を打ち明けてくれた方もありました。ひとりひとりの方のお話がすべて貴重な記録となりました。

絵を描くには快適とは言い難い環境でしたが、必死に頑張って絵を描きました。どんな状況であっても、その日のうちに面影画を描いて届けることと決めていました。時間的な制限や、自然環境に左右され、納得できない状態で絵をお渡ししなければならない事もありました。ただ、与えられた条件の中で最善を尽くしたと思っています。一枚一枚の絵が私の分身でした。

本来、ボランティア活動として、その日に絵を渡してすべてが終わることになっていました。その日だけ、一期一会の関係で終わるはずでした。一抹の寂しさは感じつつも、そういう約束で始めたボランティア活動だからと自分に言いきかせていました。

図らずも活動が終了してから、出版と言う話が出て、急遽、皆さんと連絡を取らせて頂きました。この事が私に大きな恵みを与えてくれました。

面影画の申込時に伺った電話番号だけを頼りに住所の確認をし、皆さんと連絡を取らせて頂きました。（残念ながらお二人だけ連絡先がわからず、失礼をしてしまいましたことをお詫び致します）

そして、連絡を取らせて頂いた皆さんから、手紙やハガキ、メールや電話で多くの言葉を頂きました。自分がやってきた事が正しかったと証明されたような、とても嬉しい言葉をたくさん頂きました。絵を通してつながりが、絆が出来たことが大きな大きな恵みとなりました。

私は今まで多くの絵を描いてきましたが、今度のように集中して連日絵を描いたのは初めてでした。百八日間という長い期間休まず描き続けることができました。そして、今回の皆さんからの言葉を胸に刻むことで、自分が今後何をやるべきかがはっきりわかりました。

私は、これから残りの人生を「絵を描くこと」を最優先にしようと思います。今までは会社の仕事の合間に描いたり、仲間との活動や遊ぶことを優先したこともありました。でも、今年から絵を描くことをすべてに優先して生きようと思います。これから先の人生、ひとりでも多くの人の絵を描いて喜んでもらおう、そしてそれを最優先しようと決めました。

陸前高田での百八日間が、皆さんから頂いた言葉が私を変えてくれました。

本当にありがとうございました。

たったひとり、面影画ボランティアのすべて

始まりはあの日だった

三月十一日、午後二時四十六分、私は大塚駅前の会社にいた。古いビルの六階にあるオフィスは大きな揺れで騒然となった。

棚からファイルや書類が飛び出し、パソコンが机の上で踊っている。何台かのモニターが机から落ちた。大きな揺れで何も出来ず、必死に壁にしがみつき、社内がガチャガチャになるのを見ていることしか出来なかった。

道路に飛び出すと、そこには周辺のビルから人々が逃げ出して、不安そうに周りを見上げている。携帯のワンセグでテレビを見ていた人が叫ぶ「東北だ！震度七！」「大変だ……」

誰もが耳を疑った。続いて叫び声が聞こえた「大津波警報！七メートル！……大変だ……」本当なのか？？？

こんな数字は聞いたこともない。目の前のビルが揺れているのが、この東北の地震だとすると、とんでもないことになるぞ。

その後の状況はテレビで刻々と伝えられる。東京は帰宅難民であふれ、パニック寸前になる。社員の無事を確認して、私も帰宅難民として歩いて家に向かう。何時間かかるかわからない。幹線道路の両側には真っ黒く人の列が続く。道路は車で埋まっていて動かない。両側の人だけが黙々と歩く。多くの人が経験した、あの日の夜の光景だ。

その後、連日放送される被災地の現実。その映像や報道を見て、ほとんどの人が「被災地の為に自分が出来ることは何だろう」と考えた。私もそうだった。

震災から四日後、ある夢を見た。被災地で絵を描いている夢だった。亡くなった人の絵だった。依頼に来た人に出来上がった絵を渡している。その人も私も泣いている。自分の頬を伝う涙で目が覚めた。ものすごくリアルな夢だった。

夢のお告げなどと、よく言う人がいる。そんな事はまるで信じていないのだが、今回ばかりは違った。

「そうだ、これが出来るじゃないか。絵を描くことなら自分で出来る……絵が必要な人は絶対にいるはずだ……」

そして、その日から頭の中で、どうしたら夢の中でやっていたように現場で出来るかを考えるようになった。その考えはどんどん具体的になっていった。

何をやるかは決まっている。いつ、どこで、どのようにやるかを考えればいい。

いつやるのか。現地に行くとしたら今はダメだ。とても混乱していて、絵を依頼するような気持ちの余裕はない。絵が必要になるとすれば、お盆やお彼岸に合わせてという事になるだろう。現地が落ちつくの待つとして、活動の時期は六月から八月くらいを考えよう。

どこでやるのか。被災地で唯一行った事があるのが陸前高田だった。気仙川で釣りをして、そのまま下ると陸前高田の街に入る。そこの居酒屋で飲んで、健康ランドで泊まり、翌日は高田の松原で遊んだ事があった。気仙川には何度も釣りに行っている。

場所は陸前高田にしよう。お世話になった人達に少しでも恩返しが出来ればいい。

どのようにやるか。これを必死で考えた。空いた時間はずっと考えていた。やっている姿はリアルに思い浮かぶのだが、さて、どうすればその状態を作り出せるのか……

ひとりボランティア

ボランティア活動の多くは組織的に行われる。行政的な立場で監督するのは、各地の社会福祉協議会で、当然そこが窓口になる。社会福祉協議会にボランティア登録をして、身分を明らかにした上で活動地を探す、または斡旋してもらうことになる。

普通は社会福祉協議会で募集するボランティア活動に参加するのが一般的なボランティアだ。

被災地のボランティアセンターに直接行くのも良いが、登録をして、要請された活動をするのが本来の姿だ。けして自分がやりたいことが出来るものではない。

様々なボランティアがあるが、基本は自己完結でなければならない。特に災害時のような場合、宿泊や食事やトイレなど、生活の一切をボランティア団体が完結できなければ、現地に負担をかけてしまう。押しかけボランティアは現地にとって迷惑になることも多いので注意しなければならない。

普通、個人で自己完結は出来ないので、どうしても団体に所属してボランティア活動をするということになる。

今回の私の場合は、「亡くなった方の絵を描く」という目的なので、個人の活動となる。現地に知り合いもいない。自己完結するには周到な準備をしなくてはならない。

とりあえずすぐに出来ることとしてボランティア保険に入っておく。ボランティア登録の際にまず必要な保険は、自分が住んでいる場所か、働いている場所の社会福祉協議会で加入手続きが出来る。

四月五日、豊島区の社会福祉協議会に行って手続きをした。一年間有効のボランティア保険に申し込む。係の人が「個人ですか？……少々お待ち下さい……」と上司に聞きに行く。

どうやら団体用の用紙しか準備していないらしい。上司の許可が出て、用紙に記入する。一旦、その用紙を持って郵便局に行く。千四百円を振り込んでまた戻り、判子を押してもらい正式な書類となる。多少手間がかかるが仕方ない。有効期間は来年の三月三十一日まで。

ボランティア登録をする

ボランティア保険に加入したので、すぐにボランティア登録をする。行き先の陸前高田市は市庁舎が壊滅していて、社会福祉協議会も機能していない。そこで、岩手県の災害ボランティアに登録する。岩手県社会福祉協議会、地域福祉企画部、ボランティア・市民活動センターにメールで申し込んだ。

登録の内容は以下の通り。

○日付、○氏名、○年齢、○性別、○自宅住所と電話番号、携帯の電話番号、○勤務先名、住所、電話番号、○職業、○資格、○免許、○特技、○ボランティア活動の経験、○活動希望、○活動可能期間、○活動日時、○加入したボランティア保険の内容。

とにかく詳細な内容を記入して申し込む。身分を隠してでは個人ボランティアは出来ない。

翌日の四月六日に、登録受け付けの返信が来た。それをコピーして現地に持参し、避難所を廻ることが出来るようになった。正式な岩手県社会福祉協議会・登録ボランティアとなった。

生活の一式を準備する

考えに考えて一ヶ月。五月に入ってから具体的な準備を始めた。

まずは住まい。お祭りなどで使う鉄骨のテントを借りることにした。日頃から付き合いのある小菅村の知人にお願いしたところ、快く村との交渉を買って出てくれた。さっそく出かけて一緒に村役場に行く。三ヶ月間という長い期間が問題になるかと思ったが、役場の担当者も快く貸し出しを許可してくれた。

震災の影響でお祭りが中止になり、当分使う事がないとのこと。ありがたいことだ。担当者の「被災地支援ですから喜んで協力します」という言葉がうれしかった。

倉庫から出して知人と組み立ててみる。ひとりで組み立てることは出来ないので、誰か手伝いが必要だとわかる。岩手の友人にお願いすることにする。手順がわかったので解体して車に積む。これが重いのなんの。鉄骨だから重くて当たり前だが、車が大丈夫かと心配になる。

テントのサイズは三、五メートル×五、三メートル。高さは二、一メートルとずいぶん大きいテントだ。天井は明るいオレンジのストライプ。三方を囲む横幕が付く。

もう少し小さいテントの方がいいかと思ったのだが、知人は「絶対にでかい方がいい。ここで生活するんだろ。よく考えてみ……」と譲らない。結果的にはその通りだった。

テントのサイズが決まったので、具体的な内部を考える。運搬の制限がある。大きな車を長期間借りることは出来ないので、自分の車で運搬できる範囲のものになる。すでにテントがかなりの重量を占めているので、重い物は避けなければならない。

必要なものを列記すると、○横幕シート三枚、○床用のコンパネ四枚、垂木十二本、○杭十二本、○簡易水洗トイレ、○テーブル、○イス四脚、○水タンク二十リットル二個、○ダンプラ四枚、○寝具一式、○台所用品一式、○絵を描く道具一式、○衣料品、靴など、○道具箱、○パソコンと蛍光灯とラジオ、○電源ドラムと電源コンバーター、○クーラーボックス、○食料、○薬箱、○ヘルメットなどの山仕事道具、○ザックに詰めた山道具、○ロープ類多数、○看板、ポスター……などなど。

具体的なリストを作り、あるものは借り、あるものはネットで注文し、あるものは買って加工し、あるものは自分の手で作った。しかし、準備しても車に積みきれるかどうか、まだわからない。

計画書を作る

ひとりボランティアで、知り合いもいない被災地に行く。やることを理解してもらう為に必要な計画書を作ることにした。現地の情報を得るためにも必要で、大切なものだ。

計画書作りはわかりやすくすることに重点を置いた。内容は以下の通り。

1，表紙

高田の松原で奇跡的に残った一本松の写真を中央に。タイトルは「かけがえのない人、記憶の中の人の面影画を描きます」とした。ここで初めて「面影画」という言葉を使った。カラー。

2，「面影画」とは

どんな人の為の絵で、どう描いて、どう渡すのか。写真のない人にはどんな方法で対応するのか。わかりやすくイラストを使って解説したページ。カラー。

3，「面影画」を描く場所

テントのサイズと内部平面図及び立面図。どのくらいのスペースが必要で、こんな外観になりますということをイラストで提示したもの。特に、必要なスペースはテントの大きさが決まっているのでハッキリと明記した。カラー。

4，「面影画」は予約制で描きます

面影画のタイトル看板と予約受付看板の具体的なデザインを提示し、予約制で描くことを伝えたもの。看板デザインだけで、すべてわかるようにした。カラー。

5，「面影画」申し込み用紙

4の看板とセットの内容。実際に使う申し込み用紙を制作し、添付する形にした。モノクロ。

6，「面影画」制作スケジュール

何月何日から初めて、定休日はいつで、ということを事前に書いたもの。このくらい具体的に考えています、ということを示したもの。モノクロ。

7，「面影画」ボランティア登録の写し

岩手県社会福祉協議会の登録の写しをそのままコピーしたもの。個人情報はすべて網羅してあるが、自分の本気度を示す意味からも、すべて開示した。ここまでやらなければ信用してもらえないと思っていた。モノクロ。

以上、七ページの計画書が出来上がった。問題は、この計画書をどう使うのか、ということ。

1

2

3
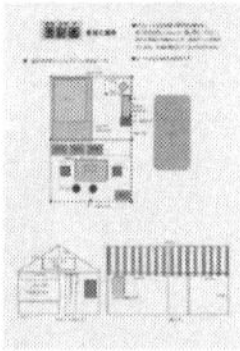
4
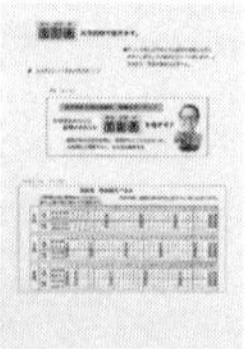
5
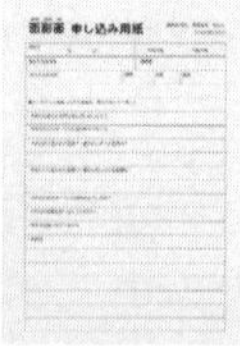
6

7

陸前高田市に行く

以前、陸前高田市に住んでいた友人がいた。情報収集がてら飲みながらボランティアの話をしたところ、知人の消息がわかったので、一度近いうちに陸前高田に行くという。

そこで、急遽同行させてもらい、現地に行くことにした。

五月二十一日、東北道の長者原サービスエリアで朝五時の待ち合わせ。友人二人と合流し、陸前高田に向かう。一関インターを降りて陸前高田方面に走り、コンビニで朝食を兼ねた休憩を取った。友人からもらったお握りを食べながら計画書を見せて、協力を依頼する。

山を越え、海の匂いがしてきた時だった。風景が一変した。何と表現すればいいのだろうか。一面の瓦礫が目の前に広がっている。今まで走って来た普通の風景とまったく異質な風景が広がっている。ヘドロ臭も漂っているが、何より、何もなくなってしまった街の跡が生々しい。

友人が以前住んでいた一角に行ってみた。何もなくなっていた。言葉もなく、付近をうろつく。大きな看板の二十メートルはあろうかという高い場所まで鉄板がめくれている。見渡しても見えるのは柱だけになったコンクリートの建物だけ。三階部分まで瓦礫がかかっている。

なんという凶暴な力。テレビではわからない現実の破壊力。三人とも言葉を失っていた。

しばらくその場で立ちつくしていたが、今日はやらなければならない事があるので車に戻る。市街地から仮庁舎があるという方向に車を走らせる。途中で「社会福祉協議会・事務所」という看板を見つけたので立ち寄る。友人二人とここで別れて、一人で交渉に入った。

詳しい現地の情報を聞こうとしたら、係の人は一関市の人で、自分には詳しいことはわからないという。避難所との連絡は取っているが必要なことを聞くだけで、ボランティア事情まではわからないと。「避難所に直接行って交渉してみてもらえませんか……」と心細い返事。主な避難所の責任者の名前をメモして、ここから先は自分で交渉することになった。

最初に向かったのが高寿園という避難所だった。五月二十一日現在で、四百人を越える被災者が使用している大きな避難所だ。本来は特別養護老人ホームなのだが、津波被害後、避難所として多くの被災者に使われている。

なかなか場所がわからず、うろうろと走り回ってしまったが、地元の人に聞きながらやっと到着した。紹介された理事長がおらず、事務主任の佐々木さんが対応してくれた。

計画書を出して、いろいろ説明する。佐々木さんは計画書をじっくりと読んでいる。緊張の時間が過ぎる。佐々木さんの最初の言葉は「こういうボランティアは聞いたことがないけど、面白いと思いますよ……」というもの。そして「理事長には私から言っておきます。たぶん、大丈夫だと思います」と言われた。この時は本当に嬉しかった。

また「予約制ということなので、実際にここに来るときまでに、被災した人達や被災した職員に聞いて、予約を取っておきます……」とまで言われた。

手探りでここまで来て、認められて、予約まで取ってもらえる。なんてありがたいことだ。この時の気持ちは、本当に天にも昇る気持ちだった。「これで絵が描ける！」

しかし、条件もついた。敷地内で活動するため、広報活動は行わないこと。外部の人間が大勢出入りするのは管理上好ましくないということからだ。そして、予約した人の絵を描き終わったら、ここを出て次の場所に移動すること。これも同じ理由からだ。とうぜん、その条件は受け入れた。だから、広告チラシなどは使えない。完全に口コミだけでやることになった。心配は残るが、まずは始めることが大事だ。需要がなければ、それはそれで仕方ない。

東京に帰ってから、準備が急に具体的になったのは、場所が決まったからだった。場所が決まらなければ行くことは出来ない。何も決めずに行ったら、たぶんそのまま帰って来る羽目になるだろう。現地を見たから、その事はハッキリとわかる。

何もない場所で、何が出来るというのか。避難所のどこに活動場所があるというのか。事前に契約して、空けておいてもらわなければテントひと張りすら張ることはできない。活動場所が決まるという事からすべては始まった。

準備と積み込み

会社にはだいぶ以前から周到に根回しして、三ヶ月間の休暇を申請していた。今回の震災では、自分に出来ることをやろうという機運が日本中でわき上がっていて、それに乗る形になった。会社のみんなも快く了解してくれた。

新潟の中越地震の時も、阪神淡路の震災時もボランティアに行かなかった。そのことが、心の中に熾火のようにくすぶっていて、今回だけは絶対に行くんだと決めていた。やることは決まっているし、やる場所も決まっている。あとは自分が行くだけだ。

六月一日から休暇に入った。予定は三ヶ月間。忙しく準備に入る。まずはホームセンターでコンパネや垂木など大物の買い出し。車に積める大きさに加工してもらわなければならない。事前に寸法は調べてあるので、加工図を描いて加工してもらう。必要なものを買うだけで半日もかかってしまった。

午後は、家ではまず使うことのないラジオを買いに行く。CDも聞けるタイプのもの安い物を買う。電球や電池も新しく買う。量販衣料店でシャツとズボン、肌着を買う。現地で着回すため、速乾性のものを買う。洗濯してもすぐ乾くタイプだけ選ぶ。

家の納戸から、昔使っていたキャンプ道具を引っ張り出し、使える物を選んで掃除する。イスやテーブル、食器や調理道具など使えるものが多い。電源コードに電気が通じるか、携帯ひげそりは動くかどうか、包丁は切れるか、などなど確認することが多いが、きちんとやっておく。

三つの衣装ケースを出して、それぞれ絵を描く道具類、着る物、調理道具類を詰め込む。テント内は湿気がこもるというので、湿気に弱いものはこの中で保管することになる大切な容器でもある。すき間なくぎっしりと詰める。

車への積み込み

六月三日、いよいよ今日出発する。部屋中に山積みになっていた道具類を車へと積み込む。コンパネを一番下に積む。ダンプラも間に挟む。三個の衣装ケースを中央に置き、助手席側にテントの鉄骨を積む。荷崩れするとガラスを割ることになるので、しっかり止めながら積む。順番を間違えると積みきれなくなるので、慎重に考えながら積み込む。

助手席の空間も、座席後の空間もすべて何かしらを詰め込む。テーブルやイスなどの軽いけどかさばるものがやっかいだ。クーラーボックスは使えるように最後に積む。運転席からは後も横も窓が見えなくなるくらいになっている。さて、我がレガシィはこの重さに耐えられるかどうか……不安は募るが行くしかない。

午後二時、やっと全部の品物が積み終わった。積んだというより、詰め込んだという方が正しい。スピードを出さずにそろそろと走るしかないようだ。何もなくなった部屋でお茶を飲みながら、カミさんとこれから一ヶ月出来なくなる会話を楽しむ。

午後七時、夕飯を済ませて寝る。夜に走るので今のうちに寝ておく。

さいわい五時間ぐっすり寝ることが出来た。十一時に起こしてもらい、着替えて顔を洗って、十二時に陸前高田に向けて出発した。ギシギシうなる山積みの荷物を心配しながら、ゆっくりと走り出した。

テントの設営

一関インター朝八時、岩手の友人と待ち合わせていた。友人が車を見たとたん「ええ！レガシィに全部積んできたんですか！」と驚く。トラックで来るものと思いこんでいたらしい。

ゆっくり走ってもらうようお願いして先行してもらう。途中にあるコインランドリーをチェックしながら陸前高田市に向かう。途中の山越えでレガシィがギシギシうなるので怖かった。

高田市内に入る前に、川の駅「よこた」に立ち寄って、水をタンクに補給する。大型バスが止まっていて、大勢のボランティアがトイレ休憩に立ち寄っていた。各地からたくさんのボランティアが入っている。ボランティアセンターも立ち上がったようだ。ここまで来て、自分もその仲間に入れたことをやっと実感した。

午前十時、高寿園到着。事務主任の佐々木さんはいなかったが、事務の人が対応してくれて、テント設営の場所に案内してくれた。当初は、今、自衛隊が使っている芝生の平らな場所だったのだが、そこは水はけが悪いということで、事務所前の駐車場に決められていた。

斜めだし、大きな玉砂利だし、一瞬どうしようかと思ったのだが、仮設トイレに立ち寄った際に芝生の場所を見て納得した。確かにあの水はけではテント生活は無理だ。そこは、晴れているというのに、グシャグシャにぬかるんでいた。

さっそく車から荷物を下ろす。まずはテントの組み立て。二人で何とか組み立てる。足を持って、一番端まで移動させると、何とか横に車を入れるスペースが出来た。これでほっとした。しかし、それからが大変だった。

垂木を下に貼って、コンパネで床を作る。書くと簡単だが、

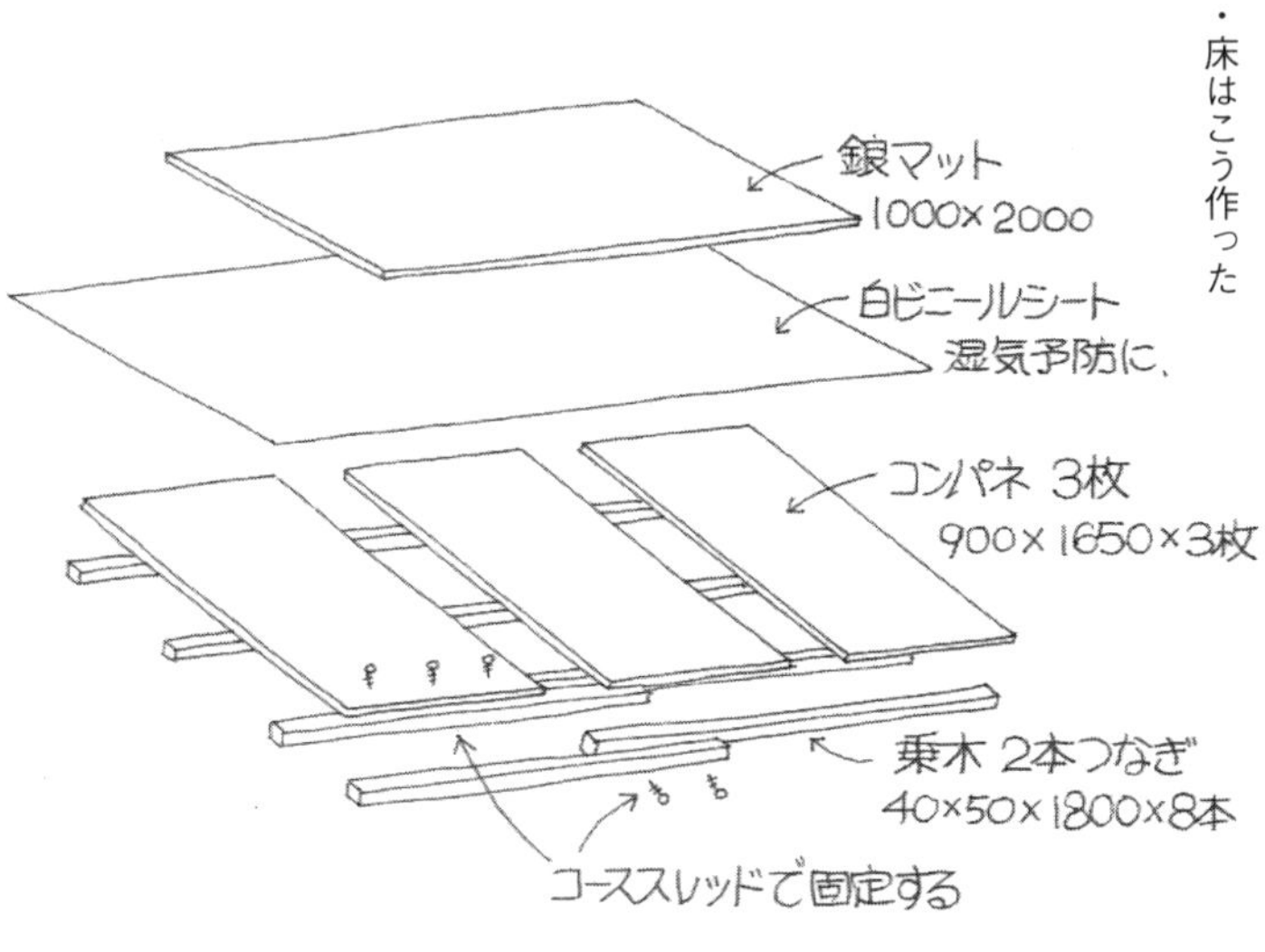
・床はこう作った
銀マット
1000×2000
白ビニールシート
湿気予防に、
コンパネ 3枚
900×1650×3枚
垂木 2本つなぎ
40×50×1800×8本
コーススレッドで固定する

テント俯瞰図

全体はこんな感じに出来上がった。居住スペースと打ち合わせスペースは白ビニールの横幕で仕切り、見えないようにしてある。入り口は、正面と横の二ヶ所に作った。横入り口に車を停め、荷物の出し入れをスムーズにするようにした。横入り口に垂木で柱を組み、横板を取り付けて調理台にした。これは使い勝手が良く、便利だった。下は地面なので、濡れて困るものはすべて床上に上げた。

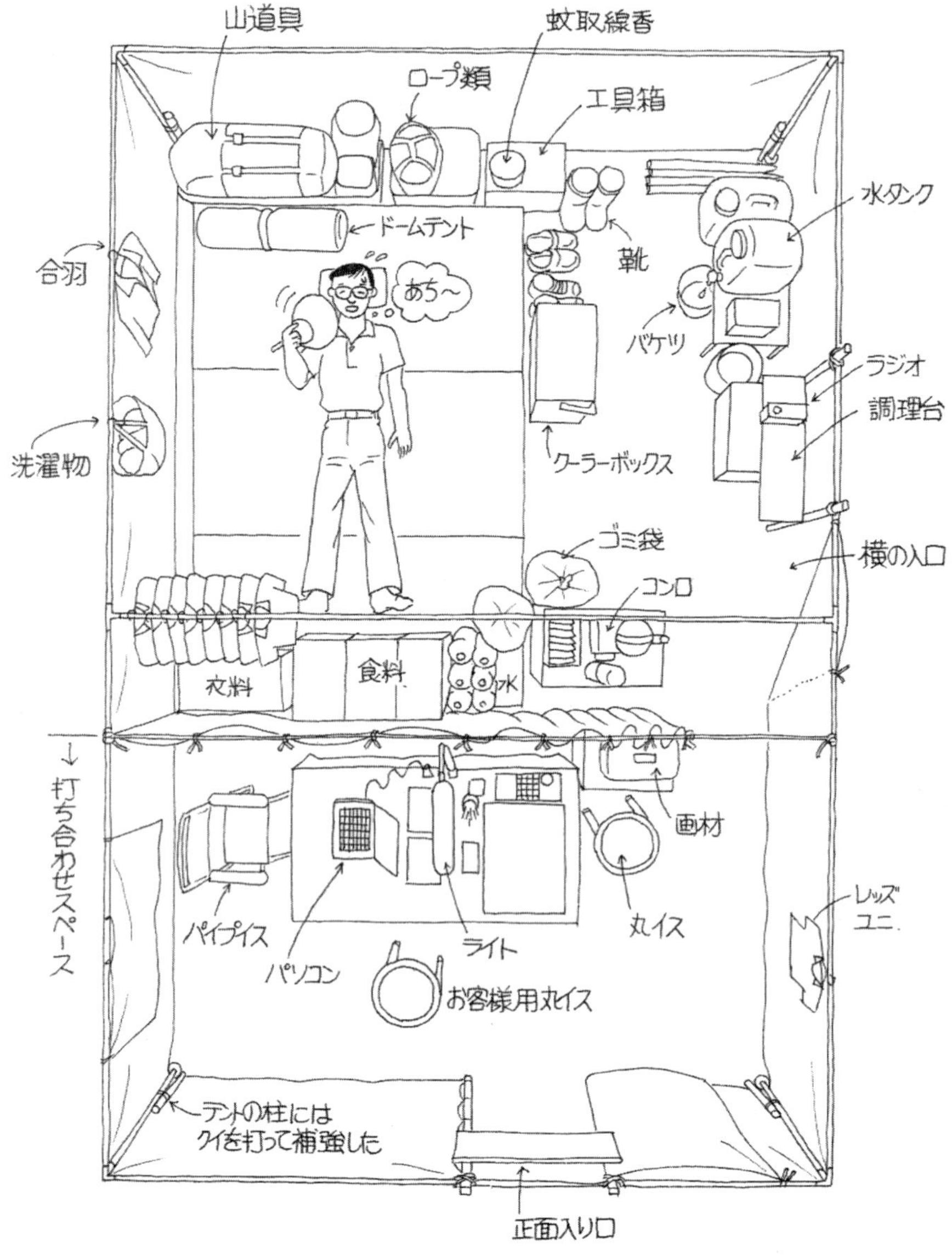

組み立てるのは大変だ。ここの作業は予約が終わり次第、別の場所に移動しなければならないので、解体できるように組み立てなければならない。だから、釘は使わず、コーススレッドと針金とロープだけですべてを組み立てる。コーススレッドとは木ねじのこと。電動ドリルで締め混むのだが、逆回転させれば簡単に外れる。釘と違って使い回しが利く。

床が出来たら、入り口の柱を垂木で立てる。三方向しかない横幕を上手く使って、入り口を二ヶ所作る。追加で買ってきた横幕を張って、テントの外側を張り終える。正面の入り口に二本の柱。横の入り口にも二本の柱を立てる。横の入り口の柱に棚板をしっかりと止め、調理台を作る。その上部にも棚を取り付け、物を置けるようにする。

中を作業スペースと居住スペースに区切る横幕を張る。テーブルにコンパネを打ちつけ、テーブルクロスをかけて、作業台が完成。入り口はのれん状に青い布を下げて入りやすくする。

居住スペースは床の上に濡れては困るものを置く。地面に置くものは下が濡れても良いものだけにする。

電源を借りられることになったので、コードを伸ばして電源とつなぎ、テント内の配線をする。作業場所と寝床と調理台の上にコンセントを配置する。車が通る場所があるので、コード保護のために細い板を二枚合わせて貼り付ける。

中がなんとか形になったので、いよいよ看板を取り付ける。家で作った看板だ。テントの入り口正面にガムテープで止める。入り口横にポスターを二枚貼る。ここまで終わって午後四時になっていた。友人と休憩したらもうダメ。腰が痛くて痛くて動けなくなってしまった。収納したものを出すことしか出来なくなっていた。それにしても暑かった。

友人が持参した冷たいビールで乾杯。本当にお疲れさま。

テント生活の食事

生活の基本。食生活が安定しなければ、長期間のテント生活は出来ない。テント生活の食事はどんなものだったのか。

基本は自炊。冷蔵庫がないので、常温保存出来るものを使って料理するか、傷む前に食べる。メイン食材は袋ラーメンとパックご飯。これにレトルト食品や缶詰や様々なものを加えて料理を作る。冷蔵庫代わりのクーラーボックスだけが食材保存の手段。

レトルト食品は差し入れしてもらった牛丼、中華丼、カレーの三種類が大量にあったので、それが基本になった。同じく知人から差し入れてもらった真空パックのしじみ汁が便利で美味しかった。

調理器具は卓上ガスコンロが唯一の熱源。包丁、まな板、ザル、ボール、お玉、片手鍋を準備した。食器はプラスチックの深皿二個とスプーンと箸。箸は家にあった大量の割り箸を持参し、使いきりとした。実際に使ってみるとわかるのだが、キャンプ道具や便利グッズは使いにくく、家でいつも使っているものが使いやすかった。道具は慣れているものに限る。

調味料は醤油、砂糖、塩、サラダ油の小さいパックを準備した。食料用の保冷バッグに入れておいたが、あまり効果はなかったようだ。パックのいりごまが便利だった。

野菜は休みの日に、ニンジン、玉ねぎ、キャベツ、ほうれん草、白菜、キュウリなど一週間で使い切る量を買う。クーラーボックスに入れておくが、それほど長持ちしないのでどんどん食べる。肉類や魚は保存出来ないので買わない。魚肉ソーセージやチーカマを利用する。

麺類は水をたくさん使うのであまり食べなかったが、そうめんは何度か作った。そうめんつゆは調味料としても使えるので便利だった。

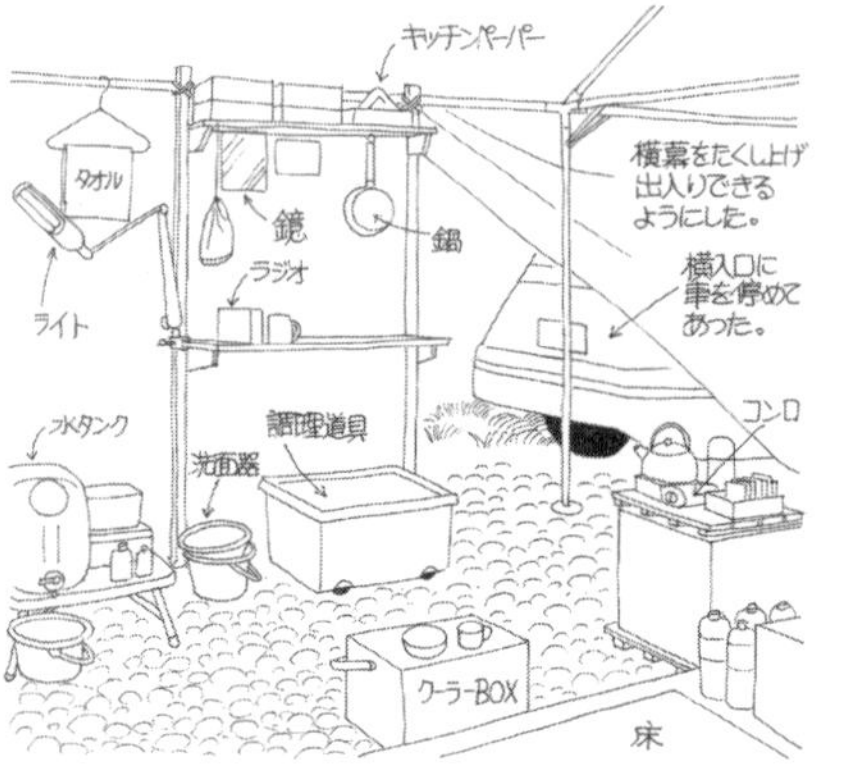

朝食は朝が早いので時間をかけて作ることができる。キュウリの薄切りを塩もみして胡麻とチーカマの細切りを混ぜたものが朝の定番になっていた。野菜をたくさん刻んで鍋で煮て、パックご飯を割り入れて作る野菜雑炊も定番だった。それにしじみのみそ汁付き。

野菜雑炊にレトルトパックを加えると味の違う雑炊が出来るので、その日の気分で変えた。缶詰を使った雑炊も作った。朝食の問題はテントに朝日が当たると暑くて食欲がなくなること。遅くても六時までには終わらせる必要があった。熱いものを食べるのが大変だった。

昼食は果物があればそれを食べた。トマトもよく食べた。シリアルスティックを買い置きしてあるので、それを食べながら野菜ジュースを飲むのが定番だった。紙パックの野菜ジュースは常温保存出来るし、種類もたくさんあるので便利だった。カップスープなども昼食に食べる事が多かった。

夕食は先にビールや焼酎を飲んでいることが多いので、野菜ラーメンが多かった。差し入れで頂いた大量の袋ラーメンがあったので、それが基本になった。野菜はニンジンとほうれん草が入るだけで「野菜を食べてる〜」という気分になるので、切らさないようにしたが、ほうれん草はすぐ傷むので保存に気を使った。

買い出しに行った日や翌日限定でウインナー炒めとかの豪華版を作るのが楽しみだった。

自分で作る料理以外では、差し入れのお弁当とか、休みの日に買って来るコンビニ弁当だとかがあったが、このお弁当類はゴミがたくさん出るので困った。

ゴミは燃えるゴミと、ビン・カンゴミ、ペットボトルに分けてビニール袋で保管した。燃えるゴミは袋が一杯になると、施設内の焼却場に出した。朝、被災した人がみんなの分をまとめて燃してくれた。ビン・カン・ペットボトルのゴミは休みの日にコインランドリーなどで出した。

暑いので生ゴミが増えるとテント内に異臭が漂い、ハエが増えるのでゴミはすぐに密封して処理をするようにしていた。

テント生活の服装

テント生活の服装といえばキャンプや登山の服装を思い浮かべるが、今回は人を迎えるボランティアなので普通の服装が中心になった。六月から八月までの気温を考えて、半袖シャツを中心に準備した。

半袖シャツ八枚、長袖シャツ五枚、ズボン五本、ジャージ上下、パジャマ二枚、Tシャツ三枚、肌着&パンツ十セット、靴下十組、カッパ、フリース、ウインドブレーカーを持参した。

シャツとズボンはハンガーでテントの横棒にかけておく。Tシャツ、肌着、靴下、タオルは衣装ケースに保管する。

靴は晴れの日用のスニーカー、雨の日用の革靴、長靴、サンダルを準備。天気に応じて履き替えていた。靴類は床の前に並べて置いた。床に昇り降りすることが多いので靴の向きは常に揃えておく。きちんと揃えておかないと急な時に足元がおぼつかなくなる。

一週間に一回の休みで洗濯を必ずして、清潔な服装を心がけた。テント生活だからといって、風体が汚くなるのは厳にいさめて、とにかく身だしなみを整えて生活するよう努めた。

シャツ、肌着、靴下は毎日取り替えた。暑くて大汗をかいた日は二回取り替えた。脱いだ服は大きな袋に入れてテントの横棒に掛けておく。これを休みの日ごとに洗濯に回す。

毎朝着替える時に全身をアルコール入りの大きなアイスタオルで拭いた。気持ちもリフレッシュするし、なにより気持ちいい。お風呂や行水は夕方のことだが、朝はこれに限る。暑い日が多かったので、アイスタオルは本当に重宝した。

テントで寝る

地面の上に板を敷き、その上にビニールシートを敷いてある床。床の上に一畳分の銀マット。暑い時は銀マットの上に寝ゴザを敷いた。

快適な睡眠は望むべくもないが、少しでも快適に寝られるよういろいろな工夫をした。六月に行った当初は寒くて、床の上にドームテントを張ってその中で寝た。当初はシュラフを使って寝ていたが、シュラフでは暑すぎて寝られず、寝返りをうつたびに目が覚めるので、寝具を替えた。

封筒型の綿シュラフを裏返して敷き布団にした。たたむとクッションになる薄い布団を二つ持参していたので、それを掛け布団にした。い草まくらに手ぬぐいで枕カバーをかけた。

こうしてやっと寝られるようになったが、テントそのものが地面の上なので、虫は出入りするし、湿気は多いし、外の音が響くしで快眠は望むべくもなかった。

日記を読むとわかるのだが、寝られなかったという記述がじつに多い。原因の主なものは夜半の雨、風、車の音。明け方の虫の鳴き声、鳥の鳴き声、人の話し声、車の音などなど。テントの中でも、虫が鳴いたり、飛び回ったり、トカゲが顔の上を走ったりなどなど、ぐっすり寝られた日というのは数えるほどしかなかった。

こと、寝るということに関しては寝具や条件ではなく、どこでも寝られるという図太い神経が一番必要とされるものかもしれない。

湿気が多く、寝具を干すことに気を配った。少しでも晴れ間があるとすぐに寝具を干した。干す時はテント横に停めてある車の屋根に広げる。上からは日光、下からは車の熱、両面から暖まり乾燥が早い。雨が続いて寝具が湿気でベタベタするようになると、とても熟睡は出来ない。お日様の力は本当にありがたかった。

テントで絵を描く

毎朝九時から依頼者の話を聞いて絵を描く。テント生活で絵を描く作業は大変だった。普段、野外で絵を描くということはないので、初めて経験することが多かった。

当初、暑いテントの中で絵を描いていたが、三日で熱中症の症状が出て目が回るようになってしまった。晴れた日のテント内温度はたぶん四十度を越えていたと思うので無理もない事だった。これはもうダメだと思ったのだが、外の木陰で絵を描くようにしたら症状が改善した。テントの横にあった桜の木に感謝するばかりだ。

それからは暑い日は木陰で絵を描いた。木の下は虫が落ちて来たり、風で紙が飛びそうになったりする以外は快適だった。

大変だったのは雨が続く湿気の多い日。テント内といっても外と同じなので、湿気は防ぎようがない。足元を雨水が流れているのだから当たり前なのだが、これが大変だった。

湿気はすべてのものをベタベタにする。その湿気で紙がフニャフニャになるし、鉛筆の線が消えなくなるし、消しゴムを使うと紙がめくれるし、塗った絵の具は乾かないし、とにかく絵を描く環境としては最悪だった。湿気を取ろうとドライヤーを使うと紙が乾いたとき波うってしまい元に戻らない。しかし、そんな中でも絵を描かなければならない。

絵の道具は以下のようなもので、これはいつも絵を描いている愛用のもの。紙はＣＯＴＭＡＮの水彩紙、二四二グラムの厚さで細目のもの。スケッチブックを買って、一枚一枚切り離して使っている。裏と表があるので最初に確認してから使用する。スケッチブックはビニールケースに入れたままにしておき、湿気を防ぐ。

絵の具は顔彩《がんさい》。絵手紙用の携帯十五色セットを使っている。これはパレットや筆が一つの箱に収納出来るので便利。筆洗は小さい空き瓶を使っている。

筆は水彩用の筆を二十本ほど持参した。消しゴムは柔らかいものを三個、定規や羽根、ドローイングペンもいつも使っているもの。買いに行く事が出来ないので、多めに持参した。

出来上がった絵を貼るのはB四サイズのボール紙。それをぴったり入るビニールケースに入れて依頼者に渡す。どちらも二百枚準備した。こうして台紙に貼ってケースに入れて渡せば、そのまま置いておけるし、額を買う必要もない。仮設住宅に入っている人も多いし、絵を描けばいいというものではなく、そのまま置いて見られるようにと考えた。もちろん、渡す時に入れる大きな封筒も二百枚準備した。

絵を描くにあたって重宝したのが意外な事にパソコンだった。携帯にしか残っていない写真をメールで送信してもらったり、依頼者の友人から急遽写真を送ってもらったりと画像受信が出来るのが便利だった。

また、背景に花や動物を入れて欲しいとか、こんな服装で描いて欲しいなどという要望があった時に画像検索するのに大活躍だった。何かを確認する際に、やはりネット検索は早いし便利だ。使い慣れているパソコンをネット接続出来るようにしておいたのが良かった。とにかく、どんな注文が出ても描かなければならないので、パソコンは頼りになった。

テント生活、一日の流れ

避難所の朝は早い。朝四時前から、正確に言うと、明るくなると人々が動き出す。テントの横に水タンクが設置されていて、被災した人々が利用している。朝、顔を洗ったり、歯を磨いたりする人がそこに集まる。様々な情報交換は行われている。

私もそのひとりだが、早朝、仮設トイレに行く人が多い。仮設トイレの横には警察の車両が一晩中回転灯を点けている。安全確保の為だが、夜に利用する時は意味なく緊張する。ここが避難所だということを実感する時でもある。

四時ころに起きてまずやることは布団の片付け。床上は常にきれいにしておくようにしている。布団はテントの横棒に畳んで掛け、パジャマはハンガーに掛ける。室内着に着替えてラジオをつけ、朝食の支度に入る。朝六時過ぎには日光がテントに当たるため、その前に食事を終わらせないと、暑くて食事どころではなくなる。

一日が長いので朝はきちんと料理する。キュウリを刻んで塩もみしたり、雑炊を作ったり、そうめんを茹でたりする。知人から差し入れてもらった真空パックのシジミ味噌汁が美味しい。朝はなるべく野菜料理を食べるようにしている。

食事のあとは食器と鍋を洗って収納する。汚れはティッシュで拭き取り、少ない水で洗うようにする。歯を磨いて顔を洗う。これもなるべく少ない水でやる。二十リットルタンク二個で一週間持つように節約する。

日が当たると急にテント内の温度が上がり、中にいられなくなる。依頼者を迎える服装に着替え、外の木陰にイスを移動してくつろぐ。この時間に日記を書いたり、写真を撮ったりする。

九時に依頼者が来るまでのこの時間が、本当に貴重なリセット時間だった。何もしないでイスに座っているだけなのだが、頭の中をクリアにして何も考えないように心がける。木陰から草原を眺め、昆虫や鳥の動きを追い、風の音や鳥の声に耳を澄ませる。あれこれ考えないようにする貴重な時間。自分を毎日クリアにしておくこと。これが毎日の課題だった。

九時に依頼者が来る。亡くなった方の話を聞き、写真を見せてもらう。どんな人が来るのか、どんな人を描くのかまったくわからない。そして、来た人の依頼はすべて受けなければならない。

多くの人は写真を持参してくれる。その写真からラフスケッチを描く。ラフスケッチは鉛筆で薄く描く。何度も何度も修正しながら、自分が納得するまで描き直す。出来上がったラフスケッチを十一時に依頼者に来てもらい確認をしてもらう。依頼者が納得しない場合は、その場で何度でも修正する。

写真というものは、本人なのだが、一番本人らしい瞬間を写しているとは言えない。角度によってはまったく別人のように写る。だから、修正が入る。それはわかっているから、何度でも修正する。また、背景に花を描いて欲しいなどというリクエストがあると、パソコンでネット検索して参考にする。

十時、ラジオ体操の時間。何をやっていても、この時間は中断して高寿園から流れてくる放送に合わせてラジオ体操をする。雨の日はテントの中でやる。体が固まるようなことをしているので、とにかく、きちんと体操をして体をほぐす。

ラフスケッチに依頼者からオッケーが出ると、すぐに線描きをする。線描きは細いドローイングペンで行う。失敗できない緊張の作業だ。線が一ミリずれたら別人になってしまう。ラフスケッチのラインを忠実に再現する。ここまでで、かなり疲れる。

線描きが終わると、ちょうど昼頃になるので休憩する。昼食は食べないことも多いが、軽い物を食べるようにする。スティックシリアルや、フルーツがある時はフルーツを食べる。紙パックの野菜ジュースを二本飲む。テントに冷蔵庫がないので、常温で置いておけるものしかない。だから昼食といえばそんなものしかない。

絵を描く作業をしばし中断し、文章を書く。依頼者から聞いた話をまとめる作業。貴重な話が多いので忠実に書く。かなり重いが、その人が生きた記録でもある。慎重にまとめる。

この時に、絵に添える言葉が浮かぶ。その人が、最後に言いたかった言葉が浮かんでくる。ラフを描く、文章を書くという時間に、亡くなった人と対話しているのだと思う。自然にその人の言葉が浮かぶのを、ラフの画面に鉛筆で書き込む。

四時には依頼者に絵を渡さなければならない。文章を書いた後は、絵に色を塗り始める。ここからはずっと集中の時間。われを忘れて色ぬりに没頭する。特に最初の肌色は集中する。顔の色が上手く塗れるかどうかでその日の調子がわかる。雨の日や風の日、とても暑い日などは色も上手く乗らない。

三時、午後のラジオ体操の時間。これも固まった体を伸ばす意味もあって大切な運動。絵の途中だが、必ず体操する。

三時半、絵を終える。仕上げの文字を描く。これも緊張の瞬間だ。絵以上に緊張する。文字をきれいに描くのは、じつはとても難しい。文字用の筆は二本あるのだが、その日の調子によって使い分ける。文字がきれいに描けると、とても嬉しい。

出来上がった絵の不要な鉛筆の線を消し、台紙に貼る。ここで一旦、絵の写真を撮る。

台紙の裏側に依頼者へのメッセージを筆で書く。多くはこの人のことを忘れません、ありがとうございました、という内容。お陰さまで良い絵が描けました、というお礼を書く。最後にイラスト入りの名刺を貼って、絵と台紙をビニールケースに入れる。封筒にすべてを入れて作業完了。依頼者を待つ。

四時に来る依頼者に絵を渡す。この一瞬、すべての苦労が報われる。多くの人が「そっくり！」と喜んでくれる。涙にくれる人も、両手で握手を求める人も、皆喜んでくれる。その姿を見ることだけがモチベーションになっていると言っても過言ではない。

依頼者を見送り、作業終了。ほっとひと息つく時間。

ひと休みしてから、近所の氷上神社に夕参りに出かける。運動不足の解消と、お参りすることで、今日受けた重い話を預かってもらうためだ。

絵の神様の存在を信じるようになってから神社に参拝するようになった。今回は重い話を毎日聞くので、特にこの参拝は欠かせない。夕参りすることで、自分の中の一区切りをつける。

朝の時間が依頼者を迎えるためのリセットならば、夕参りは自分が寝るためのリセットなのかもしれない。何かで切り替えないと、ひとりで夜を過ごすことが厳しい。

テントに帰り、ブログにアップする文章を書く。そのままアップして一段落。その後はお風呂に行く日あり、買い物に行く日あり、そのままお酒を飲む日ありとさまざま。

ネットでサッカー観戦などという日もある。雨の日は、だいたい大声で歌を歌っている。

夕食は、ラーメンが多い。先に飲んでいる事もあるが、だいたい疲れているので簡単な料理しか出来ない。野菜をたっぷり入れたラーメンを鍋で作り、そのまま鍋で食べる。洗い物を少なくするためだ。缶詰をつまみに食べるのもこの時間。

飲んだ勢いで寝ることが多い。寒いときは床の上にドームテントを張って寝る。だいたい夜八時ころには寝ている。サッカーのある日だけは九時過ぎになる。

休みの日

毎週水曜日は定休日とした。

定期的に休むことで体調を整えることと、生活の雑用を一日かけてやるためだ。テントに定休日札を下げて、朝一番に出かける。猊鼻渓《げいびけい》駅近くのコインランドリーでまず、一週間分の洗濯をする。約一時間かけて洗った洗濯物を衣類、肌着、靴下に分けてたたむ。きれいにたたまないとあとで収納に苦労する。

洗濯の後は一関インター奥のかんぽの宿に行き、日帰り温泉に入る。ここは広くてゆっくり出来るのがいい。風呂から上がると昼近くなっているので、昼食を食べるか一関駅前のマッサージに行く。マッサージは予約しておかないと出来ないこともある。一時間コースで念入りに背中と腰を揉んでもらう。

地面の上に板を敷いて、そこに寝ているので、どうしてもガチガチになる。おまけに絵を描く作業も体を固める大きな要因になって、ガチガチの背中と腰になっている。じっくり揉んでもらわないと効かない。

マッサージを終え、昼食にする。テント生活では肉類を食べることが出来ないので、休みの日はどうしても肉類を食べたくなる。これが休みの楽しみの一つになっている。何軒かお店をチェックしてあって、その日の気分で何を食べるか決める。

昼食後、駅前の喫茶店でしばし休憩。暑い日が多かったので涼む目的もあった。ここでネットチェックをする。ブログを書いたり、メールを見たりと、いっときテント生活を忘れる時間だった。

一関から高田に帰る途中にある産直ハウスで野菜の買い出しをする。同時に水タンクに水を補給する。帰る途中のコンビニで食材の買い出しと冷たいビールと氷を買う。休みの日の楽しみは、夜に冷たいビールが飲めること。

晴れている日は早めにテントに帰り、布団やシーツを干したりする。洗濯物をハンガーにかけたり、衣装ケースに収納する。

明日朝の依頼者の確認をして、テーブルを整理し、休日札を収納して休みが終わる。

面影画ボランティアを終わらせる

八月いっぱいという予定で始めた面影画ボランティアだったが、順調に予約が入り、引っ越しすることもなく一ヶ所で作業してきた。しかし八月に入り、予約が増えて来たときは違う問題で頭を悩ませることになった。それは、どうやって収束させるかということ。

面影画ボランティアは自分で考えて始めたことだった。そして、順調に予約が入っている。しかし、活動はいつか終わらなければならない。ずっとここで生活することは出来ない。

では、いつ止めるのか。止めたあとに入ってくる予約客をどうするのか。頭の痛い問題だった。八月中旬にはもう九月の予約が入りつつあった。このまま予約が入り続けたら、いったいいつまでやらなければならないか、考えると胃が痛くなるような気持ちだった。

もうすでに家を離れてから三ヶ月目に入っていた。いつまでも高田にいるわけにもいかない。まず、最終日を決めた。九月二十三日にしようと決めた。お彼岸の中日に当たる日だ。お盆を過ぎて、お彼岸まではカミさんも了解してくれた。どんな状況であっても、この日には活動を終了すると決めた。

その日までに予約を受けるが、最終的に描きされないものは自宅に持ち帰って描こう。描いた絵を郵送することにしよう。絵を断ることは出来ないだろうから、というのが結論だった。

最終日を決めて、まずやったことはテントの外の看板やポスターを外すこと。そして、事あるごとに「じつは八月いっぱいの予定だったんです」と言うこと。予約に来た人に断ることは出来ないが、それとなく八月いっぱいで終了ということを伝えた。

結局、九月二十日まで予約が入り、その後も予約が来ないがどうかドキドキしながら過ごした。そして、そのまま九月二十日が最終日となった。危惧した予約の超過はなく、二十日間の延長で終わらせることができた。

最終日が台風直撃だったことを考えると、奇跡のような終了日だった。あと一人でも予約が入っていたらテントごと吹っ飛ばされていただろう。何かに守られていたとしかいいようのない終了日だった。

八月六日　動く七夕まつり

陸前高田の「動く七夕まつり」が開催された。今日が宵宮で明日が本番との事。一時は開催が危ぶまれたようだが、無事に開催出来たことはとても喜ばしい。

震災の復旧・復興には地元の力が中心にならなければならない。地元の力を結集するにはお祭りが一番だ。例年通りとはいかないが、復興の足がかりにするためにもお祭りは欠かせない。

絵を終えていつもの夕参りに行き、そこからブラブラと坂道を下って高田小学校に行く。校庭には大きな笠鉾（秩父では笠鉾と呼ぶのだが、ここでは何と呼ぶのだろう?）と小さな笠鉾が並んでおかれていた。花飾りが美しい。

校庭の向こう側は津波の被災地でまだ瓦礫の山が見える。象徴的な場所で開催されるお祭りとなった。大きなテントが何張りも張られていて、出店もあるようだ。さっそくぶらぶらと覗いて見る。お祭りの楽しみはブラブラ歩きにある。

お好み焼き、子供のゲーム、ステーキハウス、商工会などのほか、ラーメン屋さんがいっぱい出ていた。その一つ「埼玉ラーメン会」のブースでラーメンを注文する。埼玉の有名店八軒が共同で出している店で、代金は義援金になるという。醤油味のおいしいラーメンを食べながら会場を見渡す。

コンサートのようなものをやっていたが、笠鉾の引き回しが始まると誰も見ておらず、舞台の演奏者が「やってられないよ」みたいな感じになっていて笑った。

引き回しの時に笠鉾の中で十人くらいが太鼓と笛で祭り囃子を演奏する。夜に聞こえていたのは、この練習の音だったのだ。中学生くらいの男女が力強く打つ太鼓が心地いい。太鼓のリズムに合わせてブラブラ歩くのがたまらなく楽しい。いやあ、お祭りだ。

あたりはすっかり暗くなって、笠鉾に電気が点いた。これ

はきれいだ。お好み焼きの長い列に並んで待っている間に、遠くから二台の電飾笠鉾がやってくるのが見えた。みんな、それを待っている。

本来なら、にぎやかな商店街をみんなの歓声を浴びながら引かれてくる電飾笠鉾なのだ。しかし、今は何もない真っ暗な道を引かれてくる。

涙を流しながら、涙をぬぐいながら見ている人がいっぱいいた。津波の爪痕をみんな抱えて、このお祭りに参加している。

やってきたのは「鳴石」の笠鉾と「大石」の笠鉾。どちらも華麗な電飾に驚いた。何より驚いたのは「鳴石」の笠鉾。胸にさらしを巻いた若い女性（高校生くらいだろうか？）が七〜八人、力一杯太鼓を打つ姿。これには度肝を抜かれた。拍手と歓声が沸き上がる。

動く七夕まつりとはこれだったんだ。これは熱狂する。

伝統のお祭りというより、若い人のパワーを見せつけるお祭りのようだった。四台並んだ笠鉾の競演が始まった。すごい太鼓の迫力。

勇壮な演奏は海の男の力強さを感じさせるものだ。会場には大勢の人が集まっている。みんな、待ちに待ったお祭りなのだろう。友だち同士、家族同士、思い思いに祭りの夜を楽しんでいる。

遠くから見ると「こんなに人がいたんだ……」と思えるほどたくさんの人が出ていた。

大丈夫、高田は復活する。

あとがき　面影画を描いて

平成二十三年三月十一日、この日を絶対に忘れることはありません。未曾有の大震災でした。日本中の人が「自分に出来ることは何か……」と考えた震災でした。自分に出来ることを問いかけ、答えを見つけ、計画をし、実行する。一連の流れが自然に行えたのも「出来ることをやろう!」という日本全体の大きな流れがあったからだと思います。

自分に出来ることは絵を描くこと。絵が必要な人は絶対にいる。絵には人を救う力がある。そんな強い信念から始まったボランティア活動でした。困難な状況もありましたが、満足できる形で終了することができました。お世話になった皆さんにこの場をお借りして御礼申し上げます。

震災後の報道を連日見ていて、被災者何千人、行方不明者何千人という言葉に違和感を感じるようになりました。そして、それが徐々に大きくなっていきました。自分の中に芽生えた感情は「何千人ではないだろう、ひとりひとりだろう」というものでした。ひとくくりにして良いものと悪いものがある。これはひとくくりにしてはいけないものだ。そういう思いでした。

亡くなった方ひとりひとりに人生があり、残された大勢の人が悲しみを背負っている。そういう前提で報道がなされなければならないはずです。

ひとりひとりの話を聞き、ひとりひとりの面影を絵に残す。この活動は大震災の大きさからすれば本当に重箱の隅をつつくような活動でした。しかし、継続するにはひとりひとりの重い話と真摯に向き合う力が必要でした。重い話を正面から受け止め、納得するまで聞き取ることが求められました。私にその力を与えてくれたのは、ひとりひとりの感謝の言葉であり、感謝の笑顔でした。

面影画という絵を描いて、絵の力を再確認することが出来ました。写真ではなく、絵でなければ出せない力。そんな力があることを気付かせてくれたのが面影画でした。

初めて描く人なのに、なぜかずっと昔から知っている人のような感じがする不思議な感覚。ラフスケッチの段階で絵の中の人と交わす会話。そして、浮かんでくる言葉の数々。その人の言葉が添えられた面影画。それは私が描いたものではなく、自然に現れたその人そのものだったように思います。けして自分だけの力ではなく、何かが描かせてくれた絵なのだと思っています。百八日間という長い期間、休まず絵を描けたのも何かが守ってくれていたのでしょう。

私はここにいます

この言葉は考えたものではなく、自然に頭に浮かんだ言葉でした。そうだ、これしかない。そんな言葉でした。忘れてほしくない、という多くの声が聞こえます。残された私たちは、忘れないようにしなければいけません。亡くなった人を思うとき、その人はそこにいます。本書はそんな思いをこめて残された人のために作りました。

本来なら一期一会で終わるはずのボランティアでした。図らずも本書出版の話が出て、こうして一冊の本にまとめることが出来ました。作者として、自分の能力を超えた絵がこうして世に残せるようになったことを素直に喜びたいと思います。

手元にない絵をこうして本にするという事が許されることなのかどうかわかりませんが、許可を頂いた皆さんの手元にある絵を記録したものとして見ていただければと思います。

面影画を描かせていただいたすべての皆さん、そして場所を提供していただいた特別養護老人ホーム「高寿園」の理事長ほか関係者の皆さん、そしてきっかけを作っていただいた佐々木晃さん、本当にありがとうございました。皆さんのおかげでこの本を世に残すことができました。

また、本書出版の話をご提案いただいた（株）同時代社高井様にあらためて御礼申し上げます。

〈著者略歴〉

黒沢和義（くろさわ・かずよし）

東京都東久留米市在住、58歳。昭和28年9月、埼玉県秩父郡小鹿野町に生まれる。小鹿野高等学校卒業。日本国有鉄道に就職後デザインを学び、27歳独立。34歳の時デザイン会社（株）フリーハンドを創業し、現在は役員。森林インストラクター.no 983。野遊び団体「瀬音」会員・事務局。荒川水系渓流保存会・広報担当。浦和レッズサポーター。

画文集に『山里の記憶①・②』（同時代社）がある。

http://members2.jcom.home.ne.jp/kuroo3/

面影画
私はここにいます

2012年3月1日　　初版第1刷発行

著　者　　黒沢和義
発行者　　高井隆
発行所　　株式会社同時代社
〒101-0065　東京都千代田区西神田2-7-6
電話 03(3261)3149　FAX 03(3261)3237
装　幀　　黒沢和義
組　版　　有限会社閏月社
印　刷　　モリモト印刷株式会社

ISBN978-4-88683-714-1